Hochbeete

Selber bauen und bepflanzen

STEIN
KOSOK-POKORNY

blv

Was Sie in diesem Buch finden

Für jeden Bedarf das richtige Hochbeet

Hochbeete bieten Platz für verschiedenste Pflanzkulturen. Auf kleinstem Raum können mit großem Erfolg Pflanzen kultiviert und dabei überraschend hohe Ernteerträge erzielt werden. Ist man mit den technischen Aspekten vertraut, kann man sich leicht selbst ein Hochbeet bauen.

Hochbeete – eine feine Sache

Der Garten ist eine der letzten Oasen, in denen wir unsere Kreativität unbeschwert entfalten und Gartenglück genießen dürfen. Wenn Ihr Garten kleine Ausmaße hat, wenn es nicht auf Riesenerträge ankommt, keine Einmach-Schlachten erwartet werden, sondern eher die Lust am Gärtnern und das Naschen im Vordergrund stehen, dann ist ein Hochbeet die passende Lösung. Und mit ihm die Selbstversorgung mit allem, was eine Familie an Grünem rund ums Jahr braucht. Mit ihm gelingt das Gärtnern auf entspannte Weise

Gemüse und Kräuter gedeihen in bequemer Höhe ausgezeichnet, dazwischen Blumen als optische Bereicherung.

sogar im betonierten Hinterhof, auf der Terrasse oder auf dem Balkon.

Schöner beim Gärtnern, anstatt sich zu placken, ist es, Kräfte zu sparen und die schönen Stunden im Garten zu genießen. Es geht nämlich auch ohne das mühsame Graben, das Bewegen von schwerer Erde, das Jäten von Unkraut und ohne das beschwerliche Bücken, denn mit einem Hochbeet kann man bequem im Stehen gärtnern. Ein Hochbeet ist günstig für alle, die Rückenprobleme haben und denen das gebückte Arbeiten schwer fällt. Ist das Hochbeet entsprechend konstruiert, lassen sich alle Arbeiten wie Aussäen, Pikieren. Pflegen und Ernten bequem im Stehen oder sogar vom Gartenstuhl aus erledigen. Das ist nicht nur günstig für stressgeplagte Büromenschen und Senioren. Immer mehr jüngere Gartenfreaks und kleine Familien wissen diese Bequemlichkeit zu schätzen. Der Gipfel des Genusses ist es dann, wenn am Hochbeet eine Ernteparty steigt. Dabei wachsen die gesunden Salate oder Kräuter knackfrisch fast in den Mund.

Hochbeete sind eine feine Sache. Sie sind eine Alternative für alle, die genug haben von großen Nutzgärten, aber trotzdem gerne Salat ernten, Lust auf Melonen und Gurken haben und sich gerne mit feinerem Gemüse beschäftigen. Die praktischen, nach oben und unten offenen Kästen aus Holz, Kunststoff oder Metall bringen schnelles Wachstum, frühe und überraschend hohe Ernten, weil sich selbst schwere, tonige Erde in der umgebenden Luft leicht erwärmt.

Mit ihnen lassen sich Grünabfälle wie Äste, Laub und halbreifer Kompost auf elegante, umweltfreundliche und obendrein kostensparende Weise verwerten. Sie alle verschwinden im Inneren und verrotten langsam zu wertvollem Kompost innerhalb von drei bis fünf Jahren.

Zwar werden auch andere erhöhte Abmessungen als Hochbeet bezeichnet. Günstig sind jedoch je nach Körpergröße Beete in 70–100 cm Höhe Damit lässt sich ein Hochbeet leicht und ohne Kreislaufprobleme bearbeiten, es ist obendrein hübsch anzusehen. Ähnlich wie im Frühbeet bietet sich hier die Möglichkeit zur Anzucht von Gemüse- und Sommerblumen-

Setzlingen und zum Kultivieren von delikatem Frühgemüse unter Folientunnels oder Vlies. Sind diese geerntet, gibt es wieder Platz für knackiges Gemüse und würzige Kräuter, für frische Salate, selbst gezogene Gurken, aromatische Tomaten oder würzigen Paprika. Empfehlenswert ist ein Hochbeet auch auf schwierigen, tonigen Böden. Diese sind häufig verdichtet, sehr hart, sperren sich gegen Hacken und Graben und stecken voller Unkräuter wie Quecken, Disteln, Winden oder Giersch. Befreien Sie sich von solchem Ärger – stellen Sie das Hochbeet einfach waagerecht auf ein Kiesbett, dann spielt der schlechte Untergrund keine Rolle mehr und das Gärtnern wird zum reinen Vergnügen.

So macht das Ernten Spaß: Von Juli bis zum Frost reifen viele Tomaten.

Für Kräuter ist ein Hochbeet optimal: Melisse, Fenchel, Basilikum und Zitronentagetes in bunter Mischkultur.

Größen und Materialien

Hochbeete sollten nicht zu groß sein. Für den Fall, dass ein Beet nur einseitig zugänglich ist, sollten Sie bei der Wahl der maximalen Beetbreite darauf achten, dass Sie ohne allzu großes Strecken mit der Hand an die Ihnen gegenüberliegende Seite greifen können. Üblicherweise entspricht das einer maximalen Breite von ca. 80 cm.

Bei einem Beet, das von zumindest zwei Längsseiten aus zugänglich ist, ergibt sich ein Idealmaß von 1,2–1,3 m. Hier ist der Griff knapp über die Mitte des Beetes und von beiden Seiten aus möglich. Zu große Beete erfüllen den Wunsch nach Arbeitserleichterung nicht in gleichem Maße wie kleinere Einheiten. Es ist ein Unterschied, ob man bei einer Seitenlänge von 5 m vom Salat zum Schnittlauch einmal um das Beet herum läuft, und sich zum Ernten halb ins Beet legen muss, oder ob man sich nur einfach vom einen zum anderen Beet umdreht. Achten Sie daher nicht nur der Optik wegen auf ein ausgewogenes Längen- und Breitenverhältnis.

Ein sehr ansprechendes Seitenverhältnis bei frei stehenden, ringsherum zugänglichen Beeten ist 2:3. Daraus ergibt sich bei 1,2 m Breite eine Beetlänge von 1,8–2,3 Meter und eine Anbaufläche von 1,8–2,5 m². Diese Abmessungen sind keine Vorgabe, sie bilden aber eine harmonische Gesamtanmutung. Angenehme Hochbeethöhen sind bei daneben sitzender Bearbeitung 50–60 cm, bei stehender Bearbeitung nicht ganz hüfthoch. Daraus ergeben sich übliche Höhen zwischen 70 und 100 cm.

Üppiger Wuchs ist im Hochbeet die Regel. Trotz geringer Fläche lässt sich erstaunlich viel ernten.

Hochbeete mit den genannten Proportionen wirken wohldimensioniert und leicht, nehmen dem Garten nicht jeglichen visuellen Raum und ermöglichen kurze Wegstrecken beim Gärtnern. Handliche und bezwingbare Einheiten von Hochbeeten lassen sich im Garten – auch versetzt, winkelig angepasst oder Fluchtlinien des Gartens aufnehmend – zu einer Hochbeetlandschaft gefällig arrangieren. Daher ist, gerade was die Größe des Hochbeetes anbelangt etwas Augenmaß anzuraten. Zu groß geratene Hochbeete werden gerne als »Elefantensarg« bespöttelt. Gerade im Hinblick auf barrierefreie Gärten und Gärtnern für Senioren, ist ein überschaubares Hochbeet ein wesentliches Argument.

Auch die Befüllung lässt sich in kleineren Einheiten besser bewältigen, das Erfolgserlebnis stellt sich schneller ein.

Nicht zu unterschätzen ist das Gewicht, vielmehr der Druck, der durch die Befüllung gegen das Hochbeet ausgeübt wird. Im Inneren verrottet das organische Material, es geht Volumen verloren. Dieser Volumenverlust wird Jahr für Jahr ergänzt. Man verliert das Gefühl für die tatsächliche Masse, der sich ein Hochbeet sicher über Jahre widersetzen muss. Bei Abmessungen von 1,8 × 1,2 m bei einer Höhe von 80 cm, liegt das Volumen abzüglich Konstruktion bei ca. 1500 Liter. Gewachsener Erdboden liegt bei ca. 1,7 t pro m³, Blumenerde immerhin bei ½ t je nach Wassergehalt. Wasser ist dabei eine relevante Größe, denn nasse Blumenerde ist deutlich schwerer. Bezogen auf das Hochbeetidealmaß liegt das Gewicht nach einer gewissen Verdichtungszeit bei 1,5–2 t. Dieses Gewicht drückt unnachgiebig auf die umliegenden Seiten. Der Hochbeetkasten muss in der Lage sein, diesem Druck standzuhalten, was einige – auch der im Handel erhältlichen – Hochbeete nicht oder nur unzureichend schaffen.

Die Materialwahl

Beliebte Materialien für den Hochbeetbau sind Holz, Metall, Beton, Naturstein und Kunststoff. Jedes der Materialien hat Vorteile wie Nachteile, doch gilt es auch Ihren Geschmack zu treffen. Und über Geschmack lässt sich bekanntermaßen nicht streiten. Neben rein visuellen Kriterien sollten Überlegungen zu Statik, Raumeinnahme und Realisierbarkeit berücksichtigt werden.

Hochbeetkonstruktionen sind idealerweise eher dünnwandig. Die Beetbreite ergibt sich durch Ihre Armlänge, mehr als 60–70 cm Greiftiefe ist einfach unbequem. Infolgedessen reduziert die Wanddicke des Hochbeetkastens die nutzbare Tiefe.

Zwei Beispiele: Metall lässt sich sehr dünnwandig verarbeiten, wenige Millimeter Dicke und der eine oder andere Falz sorgen für hohe Festigkeit. Bei Hochbeetmauern aus Naturstein gehen rasch 20 oder 30 cm durch die Steingröße verloren. Da stellt man sich die Frage, ob es dem Hochbeetgedanken zuträglich ist, wenn ein Viertel des Beetes aus Mauer besteht.

Aufgrund der Beliebtheit und einfachen Bearbeitbarkeit von Holz, wird nachfolgend näher auf diesen Werkstoff eingegangen.

Ein Hochbeet bleibt selten allein. Wer auf den Geschmack gekommen ist, will die Vorteile nicht missen.

Hochbeete aus Holz

Holz ist aus unserer Überzeugung eines der geeignetsten Materialien für den Bau von Hochbeeten. Es ist ein haptisch angenehmer, natürlicher und warmer Baustoff, den Menschen schon seit Anbeginn zu Konstruktionszwecken nutzten. Holz ist natürlich gewachsen und in großen Mengen verfügbar. Es hat beim Wuchs CO_2 gebunden und ist in einer Art klimaneutral wie kein anderer geeigneter Baustoff. Holz lässt filigrane Konstruktionen bei zugleich guten statischen Eigenschaften zu.

Holzkonstruktionen können selbsttragend gefertigt werden, aber auch grobe rustikale Balken- oder Stammlagen sind möglich. Es kann

Hochbeete mit Frühbeet ergänzen sich zum Kleingewächshaus. So haben auch wärmeliebende Kulturen Chancen.

mit relativ wenig Aufwand auch vom Laien gut bearbeitet werden. Die enorme Biegebelastbarkeit von Holz quer zur Faserrichtung macht es zu einem idealen Baustoff für Vielerlei. Durch balken- oder bohlenverwendende Konstruktionen erhalten Sie unglaubliche Festigkeiten. Holzhochbeete sind rasch aufgerichtet und stellen keine bauliche Maßnahme dar, die das Gesicht Ihres Gartens dauerhaft verändert.

Holzkonstruktionen sind reversibel und auch für gemietete Gärten geeignet. Holz fügt sich sehr rasch durch Patina in den Garten ein und wirkt dann wie ein schon immer dagewesener Bestandteil. Unaufdringlich, praktisch und bei richtiger Bauweise erstaunlich haltbar. Gleichermaßen im modernen Garten mit klaren Linien, wie auch im Naturgarten romantisch verspielt, kann dieses wunderbare Material seine Stärken beweisen.

Holzhochbeete können bei entsprechender Konstruktions- und Materialwahl mehrere Jahrzehnte überdauern. Dennoch ist die Metamorphose von neu zu alt sichtbar und gerade sie stellt einen wesentlichen Reiz dieses natürlichen Baumaterials dar.

Holzarten und ihre Eigenschaften

Jede Holzart hat ihre eigenen unverwechselbaren Eigenschaften wie Gewicht, Elastizität, Festigkeit in verschiedenerlei Beanspruchungen.

Außerdem sorgen Holzinhaltsstoffe für Resistenzen sowohl bei wachsenden Gehölzen als auch bei geschlagenem Holz in verarbeitungsbereitem Zustand.

Für Konstruktionsholz ist in erster Linie die Festigkeit relevant. Gerade in Bezug auf Konstruktionen für den Garten sind aber spezielle Holzinhaltsstoffe wichtig.

Die Widerstandsfähigkeit von Holzarten gegen holzzerstörende Einflüsse ist in Dauerhaftigkeitsklassen definiert: Sehr dauerhaft = 1, dauerhaft = 2, mäßig dauerhaft = 3, wenig dauerhaft = 4, nicht dauerhaft = 5.

Zudem ist eine Definition des möglichen Verwendungszweckes in Gebrauchsklassen sinnvoll. Nachstehende Angaben wurden aus dem konstruktiven Holzbau, damit sind tragende Konstruktionen gemeint, abgeleitet. Auch wenn es bei Hochbeeten nicht um sicherheitsrelevante Bauteile geht, ist das Wissen und die Technik aus diesen Bereichen des Holzbaus übertragbar. So entstehen wirklich haltbare Beete!

Mit der Gebrauchsklasse (GK) wird der Grad der Gefährdung des Holzbauteiles durch äußere Einflüsse bestimmt. Die Gebrauchsklassen 0, 1 und 2 definieren Anwendungen ohne direkte Bewitterung und sind deshalb für den Hochbeetbau irrelevant.

Die Gebrauchsklasse 3 bezieht sich auf eine Beanspruchung bei der das Holz der Witterung ausgesetzt ist, sich aber nicht in direktem Erdkontakt befindet. Es besteht eine Gefährdung durch Pilzbefall, Auswaschung und Insektenfraß.

Die Gebrauchsklasse 4 gilt, wenn Holz in dauerndem Erdkontakt steht und ständiger starker Feuchtigkeit ausgesetzt ist. Die Gefährdung liegt bei Pilz-, Fäulnis-, Insektenbefall und Auswaschung.

Dauerhaftigkeitsklassen (DIN EN 350-2, früher Resistenzklassen DIN 68 364) sind nicht mit Gebrauchsklassen zu verwechseln. Ersteres behandelt die Eigenschaften der jeweiligen Holzart, letzteres betrachtet im Wesentlichen die Gefährdung durch die Verwendung in Kombination mit konstruktionsbedingten Faktoren.

Bei Hochbeeten entscheidet die Konstruktion die Gebrauchsklasse, also die Art und Weise wie das Holz verbaut wird. Vermeiden Sie dauerhaften Kontakt von Holz mit Erde und sorgen

Geschützt vor starken Winden stehen Hochbeete entlang von Hecken besonders gut.

TIPP

Außergewöhnliche Formen

Es gibt auch solide gefertigte Hochbeete aus Douglasie, die in verschiedenen Formen erhältlich sind. Sie werden als Vieleck, Kipferl oder auch als Dreieck immer konisch nach unten verjüngt hergestellt. So ist ausreichend Platz für die Zehenspitzen, selbst wenn man nah am Beet steht.

Sie dafür, dass Wasser rasch abfließt und das Beet schnell abtrocknet. Hat das Beet jedoch ständigen Erdkontakt und/oder kann es schlecht abtrocknen, liegt es klar in Gebrauchsklasse 4.

Ein nach unten hin verjüngtes Hochbeet gibt Knie und Füßen Platz.

Für Klasse 3 eignen sich aufgrund des guten Preis-Leistungs-Verhältnisses Holzarten wie Lärche, Douglasie und Kiefer. Bei Gebrauchsklasse 4 kann guten Gewissens nur die Robinie, mit Abstand gefolgt von Stieleiche und Edelkastanie empfohlen werden.

Ziel ist eine Gebrauchsdauer von mindestens 15 Jahren, bei optimaler Holzartwahl und guter Konstruktion sind auch bis zu 40 Jahre möglich.

Lärche:

Ist eine heimische Holzart und das härteste und schwerste für Holzkonstruktionen verwendete heimische Nadelholz. Es ist besonders biegefest, harz- und gerbsäurehaltig. Aufgrund ihrer Holzinhaltsstoffe ist Lärchenholz relativ witterungsbeständig. Daher wird es in Mitteleuropa seit Jahrhunderten als Bau- und Konstruktionsholz verwendet. Der farbige Kernbereich ist eigenresistent gegen Insektenbefall.

Douglasie:

Ist ein in Mitteleuropa gebietsfremdes Gehölz und wurde zur Aufforstung aus Kanada importiert. Mittlerweile gibt es von dieser neophytischen Baumart nennenswerte Bestände. Die Douglasie hat ein der Lärche sehr ähnliches Holz, doch was die allgemeine Eigenschaften und die Witterungsresistenz anbelangt, ist es geringfügig schwächer. Der farbige Kernbereich ist eigenresistent gegen Insektenbefall.

Kiefer:

Die zu erwartende Gebrauchsdauer im Außenbereich ist nicht ganz so ausgeprägt wie bei der Lärche oder der Douglasie, doch Kiefernholz ist in Bezug auf die physikalischen Eigenschaften der Douglasie sehr ähnlich. Jedoch neigt Kiefer zur Großastigkeit, was das Verbauen geringer Querschnitte erschwert. Das Holz der Kiefer ist ein stark unterschätztes Holz. Der farbige Kernbereich ist eigenresistent gegen Insektenbefall.

Lärche, Douglasie und Kiefer liegen in Dauerhaftigkeitsklasse 3–4 (mäßig – wenig dauerhaft), auch wenn eine Abnahme der Dauerhaftigkeit von Lärche über Douglasie zur Kiefer feststellbar scheint. Diese Holzarten können bei Einhaltung bestimmter baulicher Maßnahmen im wetterbeanspruchten Außenbereich genutzt werden.

Robinie:
Ist das witterungsbeständigste in Mitteleuropa wachsende Holz. Es ist sehr dicht, also schwer, lässt sich kaum nageln, ist elastisch und biege-fest zugleich. Robinie ist der Dauerhaftigkeitsklasse 1–2 zugeordnet und wird aus diesem Grund bei Bauten mit direktem Erdkontakt verwendet. Ihr Holz ist besonders schlagzäh und haltbar – Eigenschaften, die im alpinen Lawinenverbau sehr geschätzt sind.

Stieleiche:
Eiche ist das Synonym für Stärke. Nicht von ungefähr, liegt das Holz doch in Dauerhaftigkeitsklasse 2. Direkter Erdkontakt wird verziehen, besser aber nicht von Dauer. Eiche blutet besonders stark bei direkter Bewitterung Gerbsäure aus, auf Steinböden bleiben zeitweilig braune Flecken zurück. Gerbsäure ist grundsätzlich wasserlöslich, wenngleich nach der Entfernung dieser Verfärbungen gelegentlich leichte Schatten am Terrassenbelag zurückbleiben.

Schwere Bohlen aus Kiefern fangen stützend den Druck der Erde in diesem Stauden- und Gehölzgarten ab.

Edelkastanie:

Befindet sich wie die Stieleiche in Dauerhaftigkeitsklasse 2. Sie wird gerne für Staketenzäune verwendet, da sie sich gut spalten lässt. Bei der Kastanie zeigt sich sehr gut, dass die Dauerhaftigkeitsklasse nichts mit den übrigen physikalischen Eigenschaften zu tun hat. Die Holzinhaltsstoffe entscheiden über die Dauerhaftigkeit. Das Holz der Edelkastanie ist im Vergleich zu Eiche und Robinie leicht, weich und nicht sehr biegefest.

Bei allen sechs der vorgestellten Hölzer werden anfangs mehr oder minder intensiv Gerbstoffe ausgeschwemmt. Diese Ausschwemmung nimmt im Laufe der Zeit ab. Gerbstoffe sind natürliche Holzinhaltsstoffe und stellen keinen Grund zur Beunruhigung dar.

Besonders ansprechend und natürlich wirken Hochbeete aus Weidengeflecht.

Hochbeete aus Weidenelementen

Eine Sondergruppe unter den Holzhochbeeten stellt das Weidenhochbeet dar. Es passt sich dem Garten auf charmante Weise an, die geflochtene Struktur hat etwas Beruhigendes und Zusammenhaltendes. Das Flechtwerk sorgt für Stabilität. Besonders Weidenbeete benötigen zwingend einen Schutz von Innen gegen Verrottung. Ideal ist für diesen Zweck Plattenware aus PE-HD oder eine andere sinnvolle Konstruktion, die direkten Erdkontakt zu den Weiden verhindert. Flechthochbeete lassen sich in vielerlei Formen herstellen.

Möglichkeiten für den Holzschutz

Konstruktiver (baulicher) Holzschutz

Holz ist ein leicht zu verarbeitendes Material, das bei nicht zweckgerechter Verarbeitung sehr schnell verrottet. Konstruktiver Holzschutz kann das verhindern, dabei geht es um nichtchemische, bauliche Maßnahmen der Haltbarkeitsverlängerung.

Im Außenbereich sind die Witterungseinflüsse, die auf das Holz einwirken, unnachgiebig. Im Sommer kommt es zu starker Sonneneinstrahlung mit unbarmherziger UV-Strahlung, kurz darauf zu Regen- oder Gießwasser, dann wieder Hitze, in den Übergangszeiten zu viel Feuchtigkeit und im Winter zu ständigem Wechsel zwischen Frost- und Tauwetter. Holz hat ein der Umgebungsfeuchtigkeit angepasstes Quell- und Schwundverhalten. Bei Feuchtigkeit quillt es, bei Trockenheit schrumpft es. Die Beanspruchung ist immens. Aus diesem Grund ist es sinnvoll, Holzarten zu verwenden, die diesem Wechselspiel und den dabei auftretenden Mitspielern besser trotzen als andere. Mitspieler sind Pilze, Bakterien und Insekten, die in der Natur die Funktion haben, Totholz aufzuspalten und es damit dem Kreislauf des Lebens zurückzugeben. Damit die natürliche Verrottung gut gelingen kann, ist Feuchtigkeit vonnöten. Gepaart mit Wärme ist sie ein Paradies für Pilzsporen aller Art. Sie sind allgegenwärtig und geben den ersten Zersetzungsimpuls. Pilze durchdringen selbst verholzte Zellwände von Pflanzen, um die darin gebundenen Nährstoffe aufzuspalten. Hinzu kommen einige chemische Substanzen, die der Regen mit sich bringt. Eine sinnvoll gefertigte Holzkonstruktion für den Außenbereich wird mit Bedacht auf jene holzzerstörende Aspekte gefertigt, die der Konstruktion allzu rasch zusetzen würden. Maßgeblich sind die Holzart und der konstruktive (bauliche) Holzschutz, manchmal auch der chemische Holzschutz.

Wird Feuchtigkeitseintrag konstruktionsbedingt verhindert, ist eine rasche Verrottung ausgeschlossen. Am Beispiel von alten Möbeln lässt sich dies auf einleuchtende Weise belegen. Wurden antike Möbel während der letzten Jahrhunderte trocken gelagert oder haben in Wohnräumen gestanden, gingen die Jahre beinahe spurlos vorüber. Standen sie hingegen in feuchten Kellern oder gar im Freien, war die Haltbarkeitszeit sehr begrenzt. Dieses Beispiel soll lediglich verdeutlichen, dass Feuchtigkeit die Grundlage für beginnende Verrottung ist und daher an Außenholz so gut wie möglich verhindert werden sollte.

Holzteile lassen sich also auch baulich schützen. Eine Abdeckung sorgt beispielsweise dafür, dass darunterliegendes Holz nicht direkt beregnet wird, konstruktive Abstände zwischen Hölzern sorgen für Durchlüftung und rasche Abtrocknung nach dem Nasswerden. Hölzer sollten bei direkter Bewitterung so verbaut sein, dass Wasser rasch ablaufen und der verbleibende Wasserfilm schnell abtrocknen kann. Werden Bretter dicht an dicht verlegt, entstehen enge Ritzen in die Wasser eindringt. Mangels ausreichender Luftzirkulation bleiben diese Stellen über einen längeren Zeitraum nass. Das ist wegbereitend für erste Pilze. An diesen Kontaktflächen beginnt die punktuelle Verrottung, die fortwährend um sich greift, bis die Konstruktion den statischen Belastungen nicht mehr standhält.

Moderfäule wird durch bauliche Fehler und falsche Holzwahl begünstigt.

TIPP

Bauen Sie nach den einleuchtend logischen Prinzipien des konstruktiven Holzschutzes. Mit wenig Aufwand oder einer geringfügig anderen Herangehensweise erreichen Sie eine unglaubliche Verlängerung der Haltbarkeit.
Maßnahmen zum Schutz sind:

- Vermeidung von dauerhaftem Kontakt von Erde zu Holz
- direkte Bewitterung reduzieren
- stehendes Wasser vermeiden
- für einen guten Abzug von Wasser sorgen
- Kriechgänge (Kapillareffekt) vermeiden
- Kontaktflächen zwischen Hölzern vermeiden
- für Luftzirkulation zum besseren Abtrocknen sorgen

Sinnvolle Hochbeetkonstruktion aus Holz, die alle Aspekte des baulichen Holzschutzes berücksichtigt.

Eine der härtesten Prüfungen für Holz ist direkter Erdkontakt. Erdreich hält ein optimales Klima für biologische Zersetzung vor. Es ist voll mit wichtigen Bakterien, Pilzen und Mikroorganismen, die bereitwillig antreten, um Ihre ungeschützte Konstruktion in Windeseile zu kompostieren. Daher ist für die meisten Holzarten ein Schutz vor direktem Erdkontakt ratsam. Dieser Schutz ist idealerweise aus einem unbedenklichen Kunststoff. PE-HD bietet sich an. Dieses Material findet in der Lebensmittelindustrie rege Verwendung. Polyethylen ist ein sehr beständiger und sicherer Kunststoff. Die meisten Kunststoffflaschen und Lebensmittelverpackungen werden aus PE gefertigt. In der kommunalen Trinkwasserversorgung kommt PE 100 in Rohrleitungen zum Einsatz. PE ist verrottungssicher, beständig gegen Säuren, Laugen und weitere Chemikalien und wird mittels Rußeinlagerung gegen ein Verspröden durch UV-Licht stabilisiert. Aufgrund dieser Eigenschaften ist PE als High-Tech-Kunststoff aus dem modernen Leben nicht wegzudenken. Sie kommen mit ihm täglich in ungeahnter Häufigkeit in Berührung. Nach dem Ende der Gebrauchsdauer lässt sich PE leicht recyceln.

Eine ideale Formgebung bietet die Industrie für das Bauwesen als Drainagefolie an. Es handelt sich um Bahnen mit einer noppenförmigen Struktur. Durch diese Struktur schließt die Folie niemals dicht ab, sondern leitet Wasser optimal ab und lässt bei entsprechender Konstruktion eine Hinterlüftung zu. Die Bahn wird im Falle des Hochbeetes so verbaut, dass die Noppen in Richtung des Holzrahmens und die glatte Seite zum Erdkörper zeigt. So befindet sich zwischen der Folie und der Holzkonstruktion ein gewisser Raum, der eine Luftzirkulation zwischen Noppenbahn und Holzkonstruktion zulässt. Das Erdreich kommt mit dem noppenbahngeschützten Beetrahmen nicht in dauerhaften Kontakt.

Natürlich können Sie auch andere Materialien verwenden, die diesen Zweck erfüllen, wie Etwa Teichfolien oder Bitumenbahnen (Dachpappe). Aus Sicht der des konstruktiven Holschutzes sind diese Lösungen nicht sehr zu empfehlen. Teichfolie aus PVC ist wegen der enthaltenen Weichmacher sehr umstritten, EPDM scheint da die deutlich bessere Materialwahl zu sein. Dennoch; durch die flächenbündige Auflage des planen Folienmaterials auf der Beetinnenseite entsteht eine Fläche die mangels Belüftung nur sehr schwer abtrocknen kann. Immer wenn Holz und Wasser in einer solchen Weise zusammentreffen, ist mittelfristig mit Pilzbefall zu rechnen. Bitumen bzw. Dachpappe reagieren sehr empfindlich auf Rissbildung. Das sich setzende Erdreich verhakt sich mit dem Material und zieht es ein Stück mit nach unten. Dabei kann das Material sehr leicht brechen oder reißen. Ist dies geschehen, ist der Schutz von innen löchrig. Zudem wirkt auch hier die mangelhafte Hinterlüftung pilzfördernd.

Sollte Ihnen trotz dargelegter Sicherheit bei PE-Noppenbahnen das Verlegen von Kunststoff im Inneren des Beetes nicht behagen, können Sie das Holzhochbeet auch doppelwandig gestalten. Die äußere Wand dient den statischen und visuellen Kriterien, die innere Doppelwand steht im Direktkontakt mit dem Erdreich und verrottet in einem Zeitraum von ca. 4–6 Jahren. Achten Sie bei solch einer Konstruktion darauf,

dass zwischen dem Innenbeet und dem Außenbeet ausreichend Abstand besteht. Dicht an dicht würde sich die Feuchtigkeit rasch auf die Außenhaut übertragen.

Holzschutz durch Ölen

Dieser Schutz ist eine sanfte Methode und auch im Ökogarten sinnvoll. Die sanfte Methode setzt voraus, dass die verwendeten Hölzer zumindest über Eigenschaften der Dauerhaftigkeitsklasse 3–4 verfügen. Wählen Sie Öle, die lebensmittellecht und im Außenbereich anwendbar sind. Es gibt mittlerweile auch Öle mit UV-Blocker. Sie erhalten den natürlichen Farbton des Holzes über einen längeren Zeitraum. Die Patina entwickelt sich verzögert.

Hinweis: Zusammengeknüllte ölgetränkte Tücher und Lappen neigen bei der Trocknung zur Selbstentzündung! Daher gebrauchte Lappen ausgebreitet trocknen lassen!

Es ginge auch leichter: Großer Pinsel, Schwamm, Walze und Tuch sind geeignete Werkzeuge zum Ölen.

Chemischer Holzschutz

Bei chemischem Holzschutz gibt es nicht zu Unrecht Vorbehalte in Bezug auf Umweltverträglichkeit und Gesundheit. Gerade im biologischen oder zumindest im ökologischen Garten scheint die »chemische Keule« unangebracht. Unstrittig ist, dass die Resistenz gegen Pilz-, Fäulnis- und Insektenbefall erhöht wird. Bleibt die Frage, wenn chemischer Holzschutz, welcher?

Die Liste an chemischen Schutzmöglichkeiten ist lang. Bereits beim Holzeinkauf stellt sich die Frage: Soll Holz entsprechend der Konstruktionshinweise unter Verwendung einer geeigneten Holzart verwendet werden, oder wird ein beliebiges Holz durch chemische Behandlung

Holzpflege leicht gemacht: Mit starkem Strahl werden organische Ablagerungen weggespült.

in die jeweilige Gebrauchsklasse gehoben? So können für den Außenbereich ungeeignete Hölzer, wie z. B. Fichte, durch chemische Behandlung resistente Eigenschaften der Gebrauchsklasse 3 oder 4 erhalten.

Das Thema ist so komplex, dass es sich nicht in wenigen Zeilen klären lässt.

Dennoch ein kurzer Überblick:

- Behandlung mit wasserlöslichen Holzschutzmitteln in Form von fixierenden Präparaten: Das Holzschutzmittel reagiert im Holz chemisch und verliert seine Wasserlöslichkeit. Die behandelten Holzteile dürfen während einer gewissen Zeitspanne nicht beregnet werden. Erst nach dem Ende der Fixierungszeit ist der Holzschutz voll entfaltet. Je nach Präparat sind diese Mittel formal nicht anzuwenden, wenn sie in direkten Kontakt zu Lebens- oder Futtermitteln kommen. Weitere Anweisungen auf Datenblättern und Entsorgungshinweise beachten!
- Behandlung mit lösungsmittelhaltigen Holzschutzmitteln: Nach dem Auftrag des Präparates entweichen die flüchtigen Lösungsmittelanteile durch Verdunstung. Zurück bleiben die Wirkstoffe, die in die Holzoberfläche eingesickert sind. Je nach Präparat sind diese Mittel formal nicht anzuwenden, wenn sie in direkten Kontakt zu Lebens- oder Futtermitteln gebracht werden. Weitere Anweisungen auf Datenblättern und Entsorgungshinweise beachten!
- Kesseldruckimprägniertes Holz (KD-Holz): Dieses Holz ist industriell durch ein aufwendiges Verfahren so behandelt, dass das Schutzmittel das zu schützende Holz gänzlich

durchdrungen hat. Bei der Imprägnierung wird ein Cocktail verschiedener Salzverbindungen im Holzinneren untergebracht. So behandeltes Holz ist von meist grüner bis gelegentlich rotbrauner Farbe. Für grüne Farbe sorgen Kupfer und Chrom, braune Farben ergeben sich durch einen Pigmentzusatz. Die so gewonnenen Resistenzen sind beachtlich. Nach Ende der Gebrauchsdauer handelt es sich um Sonderabfall!

Maßnahmen zur Holzpflege

Holzkonstruktionen, die dauerhaft im Garten verbleiben, sollten gelegentlich auf Ablagerungen von Schmutz, Erdreich oder organischem Material geprüft werden. Bleiben solche Ablagerungen über einen längeren Zeitraum bestehen, kann es zu vorzeitigen Verrottungserscheinungen kommen. Es schadet nicht, die Zwischenräume von Gartenholz mit dem Gartenschlauch aus nächster Nähe zu reinigen. Jeweils im Frühjahr und im Herbst intensiv abgespritzt, werden Rückstände abgespült und kompostieren nicht unbemerkt in den Spalten des Gartenholzes. Bitte lassen Sie den Hochdruckreiniger in der Garage stehen, er ist zu aggressiv. Der scharfe Strahl reißt kleine Teile der Oberfläche aus dem Material, die schützende Patina muss sich neu bilden, das geht auf die Substanz.

Trotz dieser Maßnahmen wird Holz unter den rauen Einflüssen der Natur nicht ewig halten, je nach Holzart und Konstruktion sind 15–40 Jahre möglich. Es ist anzuraten, das Beet so auszustatten, dass es den Kräften der Natur lange Widerstand leisten kann.

TIPP

Machen Sie sich beim Bau Ihres Hochbeetes Gedanken darüber, wie Wasser wohl »laufen« würde. Beginnen Sie in Gedanken von oben, dort, wo Regen oder Gießwasser seinen Ursprung hat und analysieren Sie den möglichen Weg nach unten. Achten Sie dabei insbesondere auf enge Spalten, direkte Verschraubungen ohne Abstand und insbesondere auf den Abschluss des Beetes. Wie ist es mit dem Boden verbunden? Steht es auf Sockelsteinen mit wenig nässendem Kontakt, oder steht es direkt auf dem Erdboden?

Konstruieren Sie stets mit Abtropfkanten und/oder Abstandhaltern, Hinterlüftung und sonstigen baulichen Maßnahmen die gebrauchsverlängernd wirken. Reinigen Sie Holz, das im Garten an bewitterten Stellen verbleibt gelegentlich mit einem Wasserstrahl aus dem Gartenschlauch. Er entfernt Ablagerungen aus Spalten, Fugen und Rissen, die sich ansammeln und unbemerkt für Verrottung sorgen. Achten Sie darauf, dass der Beetrahmen ringsherum frei belüftet bleibt.

Stellen Sie weitere Überlegungen darüber an, welche Holzart Sie verwenden möchten. Gerade in Hinblick auf die Eigenschaften und die Inhaltsstoffe des Holzes ist die richtige Wahl mitentscheidend für die Haltbarkeit und die zu erzielende Gebrauchsdauer.

Hochbeete aus anderen Materialien

Selbstredend gibt es neben Holz eine Reihe weiterer Materialien, die für den Bau von raffinierten Hochbeetlösungen infrage kommt.

Metall

Unter den Metallhochbeeten gibt es einen hohen Facettenreichtum. Es kann aus Stahl mit rostiger Patina sein, aus Edelstahl glänzend und unangreifbar für Alter und Umwelteinflüsse oder aus Aluminium mit Holzfoliendekor.

Metall hat viel zu bieten: Kaum ein anderes Material kann so dünnwandig verwendet werden. Oft reichen einige Zehntel Millimeter und ein Falz, schon ist es robust. Die Natürlichkeit vieler Gärten steht oft in heftigem Kontrast zu typischen Metallhochbeeten. Der Grund mag darin liegen, dass Metall in den meisten Fällen

Handwerklich perfektioniert wird schwerer Stahl mit Feingefühl für Formen zu einem ästhetischen Gartenobjekt mit Funktion.

eher kühl und distanziert wirkt und viele Metall-hochbeete aus industriell vorgefertigten Profilen hergestellt werden. Da bleiben Handwerk und Individualität auf der Strecke. Viele dieser Beete sind dennoch hochfunktionale Produktions-stätten für Gemüse, Kräuter und Salat.

Beton

Beton ist sehr wandelbar. Er kann sehr dünn und modern, rustikal oder auch verspielt ver-arbeitet werden. Viele Formen sind möglich.

Sehr rasch und einfach lassen sich Hochbeete aus zweckentfremdeten Betonschacht-Elemen-ten bauen. Dabei handelt es sich um große Be-tonringe die mit Erde befüllt alle Ansprüche an Hochbeete erfüllen. Solche Elemente gibt es in verschiedenen Durchmessern und Höhen über den Baustoffhandel zu kaufen. Diese Ringe kön-nen originell mit Fliesen und Mosaiken oder sonstigen Materialien verziert werden. Um Ab-platzungen der mühevoll gestalteten Verzierun-gen durch Frost zu vermeiden, sollte ein dafür geeigneter Kleber Verwendung finden. Ein hüb-scher Abschluss gelingt besonders gut mit Holz.

Betonringe sind nicht nur funktional und haltbar. Mit ein wenig Kreativität lassen sich graue Betonoberflächen mit Farben, Steinen oder Fliesen ansprechend verzieren.

Natürlich gibt es auch Hochbeete aus speziell für den Hochbeetbau gefertigten Betonelementen. Sie sind vom Material her sehr haltbar und sogar in Holzoptik erhältlich.

Wer den Aufwand nicht scheut, kann mit Gießtechnik beinahe jede Hochbeetform verwirklichen. Zu diesem Zweck muss vorab eine Form gebaut und mit Stahlgittern armiert werden. Diese Negativform wird ausgegossen. Lufteinschlüsse im Beton sollten dabei dringend vermieden werden. Gegossene oder gemauerte Hochbeete sind Bauwerke, die wohl überlegt sein sollten. Sie können nicht kurzerhand geleert und an einen anderen Ort gebracht werden, sondern werden auf Dauer in Ihrem Garten stehen.

Naturstein

Natursteine werden zunehmend auch für den Hochbeetbau verwendet. Beim Gemüseanbau haben sie den Nachteil der Dickwandigkeit.

Auch wenn sich Naturstein hervorragend für Trockenmauern und Kräuterschnecken eignet, lassen sie in Bezug auf ergonomische Hochbeete einige Fragen offen. Dickwandige Beetmauern stehen trennend zwischen Gärtner und Gemüse. Das erschwert die sonst leichte Bearbeitung.

Dennoch, Steine speichern Wärme und locken damit nützliche Reptilien an. Eine Trockenmauer oder ein Steinhaufen ist ein wertvoller Lebensraum und sollte in keinem Garten fehlen.

Steinsäulen dicht an dicht gesetzt sind eine ansprechende Alternative zu gemauerten Hochbeetvarianten.

Auch in kleineren Steingefäßen lassen sich Tomaten oder Erdbeeren kultivieren.

Gärtnern auf versiegelten Flächen

Gärtnern im urbanen Raum ist das Stichwort, das zur »Zeit« passt. Eine Rückbesinnung auf ein verloren geglaubtes haptisches Bedürfnis?

Pflanzgefäße für Balkon und Terrasse

Nicht jeder verspürt den Drang nach einem Leben auf dem Land mit Haus, Hof und Garten. Dennoch nimmt die Zahl derer zu, die gerne in ihrem eigenen kleinen Bereich in der Stadt am Balkon, der Terrasse oder auch am Fensterbrett eigene Kräuter, Salate und anderes Gemüse kultivieren möchten.

Der Anspruch an den Pflanzkasten im Außenbereich ist hoch. Er muss so konstruiert sein, dass auch bei Dauerregen überschüssiges Wasser gut ablaufen kann. Der Wasserabzug muss wartungsfrei gewährleistet sein und darf nicht verstopfen.

Pflanzgefäße können, wie auch Hochbeete, aus verschiedensten Materialien gefertigt sein. Sehr natürlich wirkt in jedem Fall Holz. Bei Holzkästen gelten wiederum alle Regeln des konstruktiven Holzschutzes. Rufen Sie sich vor einer Kaufentscheidung für Holzkästen nochmals das Kapitel Holzschutz ins Gedächtnis. Nur optimal konstruiert haben sie eine lange Gebrauchsdauer.

Auf modernen Terrassen und Balkonen im urbanen Raum wirken zeitlose Pflanzgefäße aus Metall, gerne auch in verschiedensten Farben, sehr frisch und auflockernd. Sie sind im Falle guter Verarbeitung frostsicher und unempfindlich gegen Umwelteinflüsse.

Sie sollten so konstruiert sein, dass die Hitze infolge starker Sonneneinstrahlung nicht direkt auf die Erde im Inneren und damit auf die Pflanze übertragen wird. Eine Isolierung ist im Fall von sich stark erwärmenden Metallgefäßen auch im Sommer eine Option. Keramik, mit einer handwerklichen Note versehen, kann dazu beitragen, mediterranes Flair zu erzeugen. Vor allem bei diesen Gefäßen ist aber Vorsicht geboten! Sollte

Pflanzgefäße helfen beim Begrünen von Terrassen – zum Beispiel mit Gemüsen wie Mangold oder Salat.

die Bepflanzung den Winter über im Freien bleiben, sind frostsichere Töpfe unabdingbar. Sie werden bei sehr hohen Temperaturen gebrannt, dadurch sintert der Ton und schließt die Poren.

Pflanzen gedeihen mit der richtigen Pflege an geeigneten Standorten auch in der Stadt prächtig. Wie im Garten ist die Standortwahl neben den Grundbedürfnissen nach Nährstoffen, Licht und Wasser von Bedeutung. Wägen Sie den Aufstellort für Ihre Pflanzen entsprechend der Gegebenheiten ab. Wie stehen die Wände, woher kommt die Sonne, gibt es windgeschützte Plätze? Kann eine Sichtschutzwand gegebenenfalls für eine Windberuhigung bei exponierten Lagen sorgen? Achten Sie in diesem Zusammenhang auf die Um- und Absturzgefahr von bepflanzten Gefäßen bei starken Windlagen.

Können die Bedürfnisse der jeweiligen Pflanzengattung erfüllt werden, steht dem Gärtnern im urbanen Raum nichts im Wege. Glücklicherweise gibt es für beinahe alle Standortgegebenheiten eine ganze Reihe verschiedener Salat-, Kräuter- und Gemüsepflanzen. Gepflanzt werden kann in Blumentöpfen genauso wie in Pflanzkästen. Salate und Kräuter geben sich selbst mit Blumenkästen zufrieden. Es können sogar Erdsäcke direkt bepflanzt werden, indem in geeignetem Abstand zueinander, Kreuze mit dem Messer in den Sack geschnitten und aufgeklappt werden. An diese Stelle kommt ein Setzling. Löcher auf der Querseite bzw. Unterseite des Sackes verhindern Staunässe nach intensivem Gießen oder Regen. Pflanzgefäße haben im Allgemeinen kein sonderlich großes Volumen. Stehen diese Gefäße bestückt mit köstlichen Salaten oder Gurken in praller Sonne, sind die Wasservorräte schnell verbraucht. Volumen steht für ein ausgeglichenes Klima, da der Erdkörper Wasser speichert. Je größer das Pflanzgefäß, desto gleichmäßiger ist der Wasserhaushalt einzustellen. Pflanzen in Gefäßen leiden oft an sehr kontrastreichen Feuchtigkeitsbedingungen. Extrem nass bei Regen oder nach dem Gießen, extrem trocken, wenn die Feuch-

Gärtnern auf Dächern inmitten der Stadt. Wer vermutet dort das grüne Paradies?

tigkeitsvorräte, die in der Erde gespeichert werden konnten, verbraucht sind.

Rückenschonende Tischbeete

Diese Beetform stellt eine weitere Möglichkeit der Bepflanzung von Balkonen und Terrassen dar. Sie können auch in Innenräumen genutzt oder wechselweise von drinnen nach draußen verbracht werden. Als vorteilhaft erweist sich bei Tischbeeten die angenehme Arbeitshöhe. Aufgrund der tischähnlichen Bauweise kann an ihnen auch sitzend gearbeitet werden. Nachteilig ist je nach Konstruktion die geringe Erdtiefe, vor allem in den Randbereichen. Eine geringe Tiefe erschwert Pflanzen, eine gute Wurzel auszubilden und lässt Beete rasch austrocknen. Durch die mittlerweile große Anzahl an Tischbeetangeboten, ist die Entscheidung das richtige zu finden, nicht leichter geworden. Nachfolgend werden dazu ein paar Überlegungen angestellt, urteilen Sie selbst, welche Form für Sie infrage kommt.

Es zählen neben dem Einsatzort (im Freien, überdacht, im Zimmer) nur zwei Kriterien. Wollen Sie an dem Beet sitzen oder stehen?

Wenn Sie daran stehen möchten, greifen Sie zu einem Modell mit genügend Erdtiefe. Größere Erdtiefe schafft einen konstanteren Wasserhaushalt im Beet als sehr flache Varianten. Zudem können Kapillarbewässerungssysteme mit Wasserspeicher verwendet werden. Sollten Sie am Tischbeet sitzen wollen, wird es deutlich schwieriger, ein geeignetes Beet zu finden. Um an einem normalen Tisch auf einem Stuhl bequem sitzen zu können, ist eine Höhe der Tischunterkante von zumindest 62 cm erforderlich. Tische in Wohn- oder Büroräumen haben

An diesem Alu-Holz-Hochbeet kann man bequem sitzen. Das zarte Gemüse wächst fast in den Mund.

Dieses Tischbeet ist mit kleinen Rollen versehen. So kann es leicht geschoben werden.

Oberkantenhöhen von bis zu 76 cm. Rein rechnerisch, wenn beide Maße gelten sollen und Maßnahmen für die Statik berücksichtigt werden, ergibt sich eine maximale Erdtiefe von 8–12 cm! Um eine Pflanztiefe von rund 25–30 cm zu erzielen, würde das Tischbeet eine Höhe von 90 cm erreichen. Sitzend liegt diese Höhe abhängig von der jeweiligen Körpergröße auf Achsel- bis Schulterhöhe, also nicht bequem bis nicht bearbeitbar. Daher sind hinsichtlich Sitzposition, Sitzhaltung, Erdhöhe und Tischhöhe Kompromisse einzugehen, die natürlich auch die Auswahl an möglichen Pflanzen einschränkt.

Rollstuhlbeete sind unterfahrbar und lassen sich sitzend weiterdrehen. Das macht Sinn!

Barrierefreie Gärten und Beete

Gesundheit und körperliche Unversehrtheit ist ein wichtiges Gut. Für viele ist es schwer vorstellbar, in Bewegung und Mobilität eingeschränkt zu sein und den Garten nicht in vollem Umfang selbst bestellen zu können. Solange der Körper keine Grenzen aufzeigt, wird seine Kraft als selbstverständlich betrachtet. Doch wenn es nicht mehr geht, muss auf die geliebten Gartenstunden nicht verzichtet werden.

Hochbeete sind auch hier eine gute Alternative. Natürlich ist man auf Hilfe bei den schweren Aufgaben, wie dem Aufbau des Hochbeetes und der Befüllung, angewiesen. Doch sind diese Arbeiten erledigt, entlohnt das Hochbeet mit leichter Bearbeitbarkeit bei guten Ernteerträgen und Zufriedenheit über den Erfolg. Aufrecht stehend oder sitzend arbeiten und gärtnern ohne körperliche Anstrengungen – für Gartenbegeisterte der Innbegriff von Glück …

Zu einem barrierefreien Gemüsegarten gehört nicht nur das angenehm hohe Hochbeet, sondern auch die Wege, die eine gute Zugänglichkeit ermöglichen. Sie müssen frei von Stolperfallen sein, breit genug, um mit Stock und Gehhilfen oder gestützt zu zweit Platz zu haben. Der Wegbelag soll dabei rutschfest sein und das anstrengungslose Bewegen eines Rollators zulassen. Auf stärkeres Gefälle ist freilich zu verzichten. Es gilt zu Bedenken, dass im Alter oder bei Bewegungseinschränkung der Aktionsradius deutlich kleiner wird. Ein wohl durchdachter Gemüsegarten hält stundenlange Beschäftigungsmöglichkeiten bereit. Legen Sie einen lauschigen Sitzplatz an. Einen Platz, von dem aus sich eine ansprechende Perspektive in den Garten ergibt. Eine Achse mit blühenden Stauden, in der Ferne duftenden Sträuchern und reichlich Blüten für Schmetterlinge und andere seelenerfreuende Lebewesen. Sonnig und beschattbar, aber in jedem Fall geschützt. Das ist genau der Ort, der zum Verweilen einlädt, an dem sich das Geschaffte betrachten lässt und die Vorfreude zu neuen Taten sprießt.

Hochbeete haben bei Jung wie Alt auch einen therapeutischen Charakter. Greifen, Fühlen, Riechen und Schmecken sind Notwendigkeiten für Geist und Seele. Wie Kinder im Sandkasten ihre Motorik trainieren, haben oft auch ältere Menschen das Bedürfnis nach erdverbundenem, ursprünglichem Tun. Mit den Händen in Erde zu graben oder eine Harke zu Hilfe zu nehmen, sind Tätigkeiten tiefster Naturverbundenheit. Diese Arbeiten entspannen und machen glücklich. Es gibt einige wenige Hochbeete, die für Rollstuhlfahrer geeignet sind. Die Schwierigkeit liegt dabei darin, dass die Höhe dieser Beete wegen der Unterfahrbarkeit, und die Notwendigkeit des in das Beet Hineinlangens, die maximale Erdtiefe stark einschränkt. Bei sogenannten Therapiebeeten geht es freilich nicht um die großen Ernteerträge, sondern um die Freude am Tun.

Gut begehbare Wege in ausreichender Breite erleichtern den ungehinderten Zugang zu den Hochbeeten.

Hochbeete selber bauen

Ein Hochbeet aus zu bauen kann, Freude an handwerklicher Arbeit vorausgesetzt, viel Spaß bereiten. Wichtig: Haltbar muss es sein! Nachfolgend erhalten Sie einen Überblick.

Das vorgestellte Hochbeetkonzept wurde von der Firma Gartenfrosch GmbH entwickelt, um Ihnen einen konkreten Einblick in den Bau eines Holzhochbeetes zu geben, das robust genug ist, damit Sie jahrelang erntefrisches Gemüse genießen können. Es ist nach den bislang erläuterten Regeln des konstruktiven Holzschutzes geplant und kommt daher gänzlich ohne chemische Behandlung aus. Bei Verwendung von Douglasie oder Lärche ist eine Gebrauchsdauer von zumindest 15–20 Jahren angepeilt.

Genau so sieht Ihr robustes selbstgebautes Hochbeet nach beiliegender Anleitung aus.

Lärchen- und Douglasienholz können Sie in Sägewerken erwerben, eine kurze Telefonrecherche gibt Ihnen einen Überblick. Baumärkte führen vorwiegend Fichte in Dimensionen 44 × 44 mm oder 54 × 54 mm. Falls Sie sich für Fichte aus dem Baumarkt entscheiden, wird die angepeilte Mindestgebrauchsdauer von 15–20 Jahren nicht erreicht. 10–12 Jahre scheinen realistisch.

Der folgende Bauplan verfolgt den Ansatz eines nicht zu großen Beetes, um es gut bearbeitbar zu halten. Dabei handelt sich um die Grundmaße 180 × 120 cm. Die Höhe können Sie durch die Anzahl der Balken variieren, die Anleitung beschreibt das Beet mit einer Höhe von ca. 80 cm. Daraus ergeben sich knapp zwei Quadratmeter Anbau- und Erntefläche auf angenehmer Stehhöhe. Ein gefüllter Hochbeetkasten kann sehr schwer werden und einen hohen Druck zu den Seitenbrettern ausüben. Die vorliegende Konstruktion kann diese Kräfte spielend aufnehmen, da sie ähnlich einer Strickleiter das Gewicht und den Druck in eigene Festigkeit umwandelt. Der handwerkliche Anspruch für den Bau dieses Beetes ist nicht sehr hoch, mit ein wenig Geduld und Ausdauer werden Sie schnell gute Baufortschritte erzielen. Das Beet ist so entworfen, dass es ohne statisch belastete Verschraubungen auskommt, da es im Steck- und Fädelsystem aufgerichtet wird.

Die ersten Arbeiten werden nach der Bereitung eines geeigneten und sicheren Arbeitsplatzes das Ablängen (Zusägen) der Hölzer und Bohrarbeiten sein. Nach diesen beiden Arbeiten ist das Beet beinahe fertig und muss nur noch aufgerichtet werden. Nach dem Aufrichten des Beetes wird das Gitter gegen Wühlmäuse eingefügt. Mit dem Einbau der Noppenfolie werden Sie den Bau Ihres Beetes abschließen. Aber nun Schritt für Schritt …

TIPP

Sie können die entsprechenden Baumaterialien auch im Set online unter **www.holz-hochbeet.info** bestellen. Dort finden Sie auch weitere Infos.

Sie benötigen folgende Materialien

- Kantholz im Querschnitt 5,4 × 5,4 cm, ca. 72 lfm, 24 Stück (abhängig von der Beethöhe), Preis ca. 200 Euro
- Brettware ca. 7,8 cm breit als Beetabschluss, 2 Stück, Preis ca. 15 Euro
- Gewindestangen M8 × 1 m Anzahl 12 Stück, Preis ca. 18 Euro
- 24 Muttern M8, Preis ca. 8 Euro,
- 24 Beilegscheiben DIN 9021/8,4 verzinkt, Preis ca. 2 Euro
- Holzschrauben Dimension 4 × 40 verzinkt Anzahl ca. 100 Stück, Preis ca. 6 Euro
- Holzschrauben Dimension 5 × 70 verzinkt Anzahl ca. 20 Stück, Preis ca. 2 Euro
- Beilegescheiben DIN 9021/4,3 verzinkt Anzahl ca. 100 Stück, Preis ca. 2 Euro

- Abstand- bzw. Distanzhalter 1 cm hoch, Innendurchmesser passend auf Gewindestange M8, Außendurchmesser ca. 20–25 mm Anzahl ca. 200 Stück, Preis ca. 40 Euro (alternativ je Abstandhalter 4 Beilegscheiben DIN 9021/ 8,4 aufeinander ergibt ca. 800 Scheiben, Preis ca. 50 Euro)
- 4 Betonplatten oder Betonsteine als Eckpunktauflage, Preis ca. 12 Euro
- Engmaschiges Gitter gegen Wühlmausbefall 2 m², Preis ca. 16 Euro
- Noppenbahn ca. 7 m² (ggf. auf Baustellen nachfragen, da originalverpackte Rollenwaren 40–50 m² beinhalten). Der m²-Preis beträgt 2–3 Euro.

Sie benötigen folgende Werkzeuge

- Bohrmaschine mit Bohrständer
- Kappsäge (notfalls auch Stichsäge/Handsägen wie Japansäge oder Fuchsschwanz)
- Akkuschrauber (Handschraubenzieher möglich, aber zeitintensiv)

- Maßband oder Meterstab
- Cutter/Teppichmesser oder Schere
- Kleine Eisensäge (Bügelsäge, für wenige Euro im Baumarkt erhältlich)

Zusägen der Hölzer

Es werden je nach Hochbeethöhe 12 oder mehr Kanthölzer mit der Dimension 54 × 54 mm in den Längen 107, 120, 167 und 180 cm benötigt. Falls Sie eine Kappsäge zur Verfügung haben, wird Ihnen die Arbeit besonders leicht von der Hand gehen. Zeichnen Sie die Maße an und schneiden Sie relativ präzise ab. Genauigkeiten von 1 mm sind bei guter Vorbereitung kein Problem. Falls Sie per Stichsäge oder per Hand absägen, werden Sie diese Genauigkeit vermutlich nicht ganz erreichen. Versuchen Sie trotzdem relativ genau zu arbeiten, damit später die Löcher übereinander passen. An dieser Stelle sei jedoch erwähnt, dass viele Baumärkte Holz auf Kundenwunsch zusägen. Sind die Hölzer zugeschnitten, kann mit den Bohrarbeiten begonnen werden.

Hier liegt es, das Hochbeet im Eigenbau, und wartet auf den Aufbau.

Bauanleitung Schritt für Schritt

1 Zunächst wird der Bohrplatz vorbereitet. Insbesondere bei der nachfolgenden Arbeit zahlt es sich aus, ein wenig Zeit in eine Bohrschablone zu investieren. Es werden viele Löcher mit immer derselben Einstellung gebohrt. Jedes einzeln anzuzeichnen erhöht die Fehlerquote und dauert unnötig lang. Zeichnen Sie die zu bohrenden Löcher entsprechend dem Bauplan an einem Holz an. Die jeweils längeren Kanthölzer der jeweiligen Seite (180 und 120 cm) werden beidseitig von außen nach 2,7 und nach 9,2 cm mittig durchbohrt, die jeweils kürzeren Hölzer (167 und 107 cm) jedoch nur nach 2,7 cm. Befestigen Sie zum Zweck der Herstellung einer Bohrschablone ein längeres Brett so auf der Bohrtischfläche, dass Bohrständer und Brett fest miteinander verbunden sind.

Achten Sie bei der Bearbeitung auf angemessene Arbeitssicherheit, Späne dürfen nicht bei laufender Bohrmaschine weggewischt werden. Verletzungsgefahr!

Legen Sie nun das zum Bohren angezeichnete Werkstück auf die vorbereitete Unterlage und zentrieren Sie die Bohrspitze auf das spätere Loch. Nun können Sie mit Holzresten Anschlagbacken erzeugen, die für alle weiteren Löcher den dieses Maßes den richtigen Abstand vorgeben. Erzeugen Sie zuerst alle Löcher des Abstands mit 2,7 cm, diese werden in alle Kanthölzer gleichermaßen gebohrt.

Danach bohren Sie die Löcher mit dem Abstand von 9,2 cm in die Hölzer mit den Abmessungen 180 und 120 cm.

Dazu gehen Sie wie bereits im vorhergehenden Schritt vor. Die Anschlagbacke muss auf das neue Maß, 9,2cm, versetzt werden.

Bevor Sie nun alles eifrig bohren, halten Sie kurz inne, um zu prüfen, ob die Löcher an den richtigen Positionen sind. Überprüfen Sie, ob sich die Eckverbindungen wie geplant aufeinander schieben lassen.

So das der Fall ist, versehen Sie alle Hölzer mit den Längen 180 und 120 cm mit den beiden weiteren Löchern.

2 Die Vorbereitung ist abgeschlossen, nun liegen alle Kanthölzer für den Aufbau bereit.

Zu Beginn stecken Sie auf jede der zwölf Gewindestangen eine Beilegscheibe und schrauben eine Mutter M8 unterseitenbündig auf. Nehmen Sie zwei der Hölzer mit 180 cm Länge und stecken Sie in jedes der Löcher eine Gewindestange. Nun nehmen Sie zwei der kurzen Hölzer mit 107 cm Länge und verfahren ebenso.

3 Stecken Sie nun auf jede Gewindestange einen Abstandshalter (alternativ drei bis vier Beilegescheiben). Mit dem 120 cm langen Holz wird die Eckkonstruktion durch Überlappung zusammengehängt. Gegenüberliegend wird in gleicher Weise vorgegangen. Nun findet auf jeder der Längsseiten ein Holz mit 167 cm Platz. Wieder Abstandhalter einsetzen und wechselweise die nächste Reihe aufsetzen. Richten Sie das Beet auf den Betonsteinen auf. Sie dienen als Standsockel und verhindern den direkten Kontakt mit dem Erdboden.

Fädeln Sie ähnlich einem Blockhaus die Stangen immer überkreuzt auf (vergessen Sie dabei die Abstandhalter nicht) bis alle Stangen verbaut sind. Als vorübergehender Abschluss wird je eine Beilegscheibe auf jede Gewindestange gesteckt und mit einer M8-Mutter gefühlvoll verschraubt. Bei dieser Verschraubung geht es nicht darum, dass das Beet fest zusammengehalten wird. Daher ist händisches Verschrauben ausreichend. Den Überstand der Gewindestangen einfach bündig zur Mutter mit einer kleinen Eisensäge abtrennen.

4 Nun muss das Gitter gegen Wühlmausbefall befestigt werden. Es wird am besten gefalzt, aufgebogen und mit kleinen Schrauben (4 × 40 und kleine Beilegscheibe aufstecken) in Abständen von ca. 20 cm auf unterster Höhe an die Beetinnenseite geschraubt. So ist es optimal verlegt und schließt mit dem untersten Holz bündig ab.

5 Bevor das abschließende Handlaufbrett montiert werden kann, ist es auf Maß abzuschneiden. Die Positionen für die Schraubenlöcher sind in der Skizze angegeben. Der Handlauf wird unter Beilage von Abstandshaltern am obersten Rahmenholz befestigt. Der Handlauf hat nach innen einen Überstand von gut 1 cm, nach außen etwas mehr. Fixieren Sie den Handlauf mittels Schrauben (4 × 7) am besten so, dass Sie durch die Abstandhalter hindurch treffen.

6 Danach kleiden Sie das Beet mit der Noppenfolie aus, sie lässt sich gut mit einem Cutter/Teppichmesser schneiden. Die Noppenbahn kann auch aus mehreren Stücken bestehen, achten Sie dabei aber auf ausreichend Überlappung. Die Noppenbahn wird so montiert, dass sie von unten an den Handlauf stößt, damit sich keine Schnecken dahinter verstecken können und das Erdreich im Beetinneren bleibt. Da der Handlauf ein wenig nach innen überlappt, kann die Noppenfolie darunter optimal eingefügt werden. Befestigen Sie sie ausreichend (in jeder dritten oder vierten Noppe) mit Schrauben (4 × 40 und kleine Beilegscheibe aufstecken) am obersten Rahmenholz, hängend nach unten. Die Zugkraft durch das Absacken der Erde ist nicht zu unterschätzen. Weil das Erdreich die Folie nach unten zieht, sind

weitere Befestigungen der Noppen im unteren Bereich nicht sinnvoll. Diese Schrauben würden lediglich ein straffes Anlegen an der Beetinnenseite verhindern.

Kontrollieren Sie nochmals, ob das Beet fest auf den Sockelsteinen steht. Damit ist der Bau abgeschlossen und Sie können mit der Befüllung beginnen. Befüllen Sie das Beet gleichmäßig, damit sich die Druckverhältnisse im Beet ausgleichen. Wenn das sich setzende Erdreich seine Kraft entfaltet, werden alle Verbindungen und Holzteile auf Zug belastet und unglaublich fest.

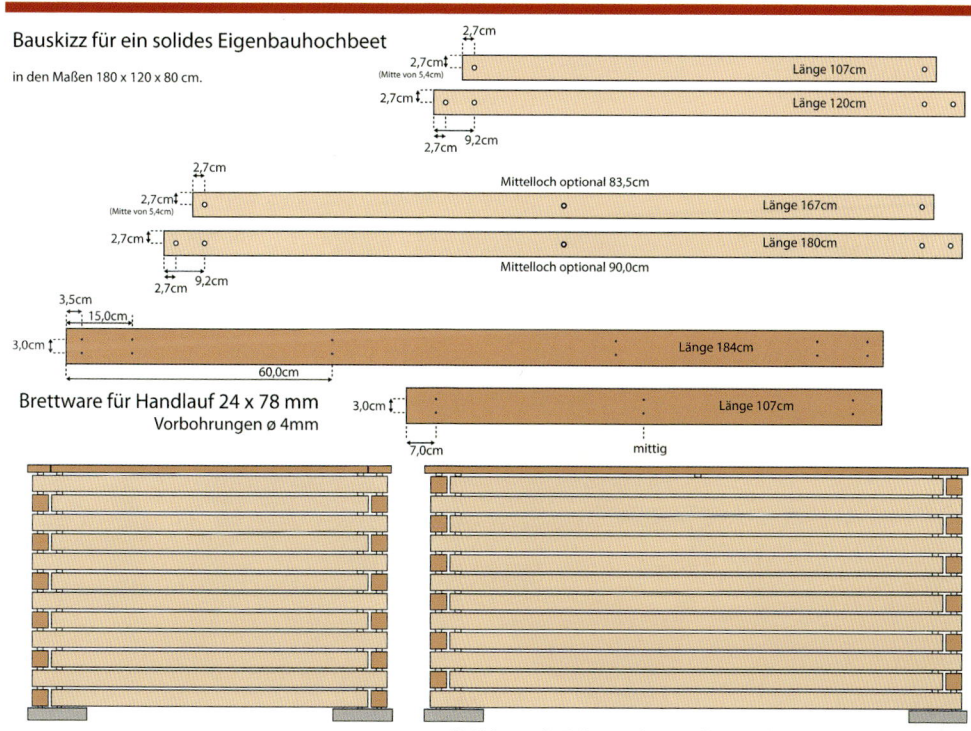

Bauskizze für ein Eigenbau-Hochbeet. Gutes Gelingen!

Hochbeete in der Praxis

Ein sonniger Standort gehört zu den wichtigen Voraussetzungen, damit im organisch befüllten Minibeet alles mit voller Kraft sprießt. Die Nährstoffe aus der verrottenden Grünmasse im Inneren tun ein Übriges, um das Gedeihen und Blühen anzuregen. Hier wachsen appetitliche gesunde Gemüse und eine üppige Blumenpracht auf natürliche Weise heran.

Standortkriterien und Standortwahl

Ein guter Standort ist vorzugsweise ein ebener Platz mit ungehinderter Sonneneinstrahlung bis zur Mittagszeit, am besten in der Nähe eines Laubgehölzes, das während der Mittagshitze für ein, zwei Stunden erholsamen Schatten spendet, danach sollte das Hochbeet wieder bis abends in der Sonne stehen. Im Winter, Frühjahr und Herbst, wenn die Tage kühler und kürzer sind, ist der Baum nicht, noch kaum oder nicht mehr belaubt, somit stellt er für die wärmenden Sonnenstrahlen kein großes Hindernis dar. Das wäre der Idealzustand, der sich aber in den meisten Fällen nicht vollständig erreichen lassen wird. Gilt es doch im eigenen Freizeit- und Familiengarten auch noch andere Aspekte als den Gemüseanbau zu berücksichtigen. Selbstredend kommt der Gärtner aber um die Grundbedürfnisse der Pflanzen nicht herum.

Direkt am Haus und inmitten von Blumen ist ein guter Platz für das kleine Pflanzenparadies.

Ein gewisses Maß an Licht, Wärme, Wasser und Platz muss sein. Die Standortwahl für Ihr Hochbeet muss natürlich diese Grundbedürfnisse decken, wobei der Platzbedarf sehr relativ zu sehen ist. Mit zwei Quadratmetern lässt sich im Hochbeet schon richtig produzieren!

Nach dem frostigen Winter erwärmen sich Hochbeete rasch. Ein gewisser Effekt entsteht aus der Verrottungswärme im Inneren des organisch befüllten Beetes, vor allem bei frischer Befüllung. Dieser thermische Effekt verliert nach und nach an Wirkung. Wesentlicher ist, dass das Beet stets luftumströmt ist und nicht im »kalten« Erdboden liegt. Mikroklima ist in diesem Zusammenhang das Stichwort. Es beschreibt die Wechselwirkung von Bepflanzung, Geländebeschaffenheit und verbauten Materialien zueinander. Beispielsweise speichert eine Trockenmauer die Wärme der Sonnenstrahlen bis tief in die Nacht. Eine Hecke schützt gegen den kalten Nordwind und sorgt so an der Südseite für das eine oder andere Grad höherer Temperatur als auf freier Fläche. Eine Hausmauer reflektiert Sonnenstrahlen und Licht. Daher ist es an solchen Stellen im Garten im Mittel etwas wärmer als an anderen, freiliegenden Stellen. Infolgedessen ist die Gefahr von frühen Frostschäden etwas geringer und die Ertragschancen sind höher. Beobachten Sie Ihren Garten und machen Sie sich Gedanken darüber, wo das Beet unter diesen Aspekten die besten Bedingungen vorfindet. Dann wählen Sie Plätze aus, die auch aus visuellen oder praktikablen Gründen gut geeignet sind.

Wie man ein Hochbeet befüllt

Sowohl in der Stadt als auf dem Land schätzt man Hochbeete, weil man damit auf elegante, praktische und umweltfreundliche Weise im Garten anfallende Grünabfälle entsorgen kann, kostensparend und ökologisch.

Wer Wühlmäuse aus dem eigenen Garten kennt oder deren Bekanntschaft nicht machen möchte, sollte auf eine in den Boden des Beetkastens eingeschraubte Wühlmaussperre keinesfalls verzichten. Wühlmäuse lieben das warme geschützte Beet: Es lässt sich hervorragend darin wohnen und die schmackhaften Wurzeln sind auch nicht weit. Ein effektiver Schutz ist ein Gitter, dessen Maschenweite eng genug ist, um ein Hindurchschlüpfen der Nager zu verhindern. Maschenweiten von 8–10 mm sind dabei ein guter Wert, der auch Jungtieren den Zutritt verwehrt. Das Gitter sollte so eingebracht werden, dass es auch zum Rand hin fest abschließt.

Traditionell errichtete Hochbeete werden schichtweise befüllt:
- Die unterste Schicht von 30 cm bietet Platz für Grünabfälle aus groben Zweigen, Ästen, Laub, Holzhäcksel usw.
- Die nächste Schicht der Hochbeetbefüllung besteht aus 20 cm Gartenerde oder grobem Kompost.
- Darauf 15–20 cm hoch feineren Kompost schichten. Hierzu eignet sich besonders gut unkrautfreies gütegesichertes Material von öffentlichen Kompostanlagen (ist billig und in großen Mengen zu haben).

- Als Abschluss obenauf dient eine ca. 15 cm hohe Schicht von reifem Kompost, in die man säen oder pflanzen kann. Weil sich dieser Inhalt umsetzt, sackt und verdichtet, muss diese Schicht jedes Jahr ergänzt und aufgefüllt werden. Hierfür kann man natürlich den eigenen Kompost verwenden oder auch Pflanzerde aus dem Gartencenter. Sie eignet sich hervorragend zum Säen und Pflanzen.

Das alles wandelt sich im Hochbeet in nahrhaften Humus um. Ähnlich wie beim Kompostieren zerkleinern zunächst vorhandene Kleinorganismen die Grünmasse. Weil diese nicht verdichtet ist und reichlich Sauerstoff enthält, können sich anschließend spezielle Bakterien optimal vermehren. Sie zersetzen die organische Materie und bauen sie zu Humus um.

Auf Grünabfälle folgen Schichten mit Gartenerde oder Grobkompost, dann reifer Kompost und Pflanzerde.

TIPP

Schalten Sie Risiken aus und füllen Sie die oberste Schicht in jedem Jahr anstatt mit Kompost mit ein bis zwei Säcken guter, gedüngter Blumen- oder Pflanzerde aus dem Gartencenter auf. Damit können Sie auch sicher sein, dass die Pflanzen bald schnell und freudig gedeihen und dass weder Unkräuter noch Schnecken und Schädlinge eingeschleppt werden.

Die dabei entstehende Wärme und auch die frei werdenden Gase und Nährstoffe fördern das Wachstum der Pflanzen, was den Pflanzen

Unten Grünabfälle, obenauf Reifekompost und 1–2 Säcke nährstoffreiche Pflanzerde.

generell gut bekommt. Sie danken es durch rasantes Wachstum und tolle Erträge. Sind sie erst einmal gefüllt, machen Hochbeete nur noch wenig Arbeit. Wichtig ist nur das alljährliche Ergänzen der Oberschicht mit gedüngter Erde, um das Zusammensacken auszugleichen. Sie sind deshalb ideal für Jung und Alt.

Wichtig: Kleiden Sie das Hochbeet von innen mit einer Feuchtigkeitssperre (Noppenbahn) aus, damit Rottebakterien keinen Zugang zum Holz erlangen und es lange haltbar bleibt.

In vielen Gärten steht nicht genügend organisches Material zum Füllen der Hochbeete zur Verfügung. Aber das Vollschaufeln mit Kompost oder Erde ist nicht unbedingt nötig, denn für das Wachstum der Gemüse- und Kräuterpflanzen genügt bei sorgsamer Pflege eine 20–30 cm hohe Schicht aus humus- und nährstoffreichem Substrat. Sie ist auch ausreichend für Tischbeete, Pflanztröge und für das Gärtnern im Zusammenhang mit alternativem urban gardening (Gärtnern im Wohnbereich) in Kisten, Pflanztüten, Pflanzsäcken mit gedüngtem Substrat, in Kübeln und Eimern. Weil damit auch die Gefahr des Austrocknens steigt, werden ausreichendes Gießen und Düngen umso wichtiger.

Ist nach einigen Jahren die Grünmasse in Humus umgewandelt, verliert sich der wachstumsfördernde Effekt der Verrottung. Hier kann darüber nachgedacht werden, einen Kreislauf mit einem zweiten oder gar dritten Hochbeet in Gang zu setzen. Denn der entstandene Humus im Beetinneren ist ideal als Oberschicht für eine neue Befüllung. Für übrig bleibenden Humus gibt es im Garten viele dankbar Pflanzen.

Ohne Mühe pflegen und ernten

Das Innere des Hochbeets kann mit Grünabfällen, Resten vom Gehölzschnitt, Erde oder halbfertigem Kompost gefüllt werden. Wichtig für die Pflanzen ist die abschließende ca. 15 cm dicke Schicht aus nährstoffreichem reifem Kompost, Kulturerde oder gedüngter unkrautfreier Pflanzerde aus dem Gartencenter. Das genügt zum Gedeihen der meisten Gemüse und Kräuter, sogar für Tomaten, Gurken und Melonen.

Was in einem ca. 2 Meter langen Hochbeet wächst, reicht gewöhnlich für den Bedarf einer kleinen Familie. Günstig ist platzsparendes Gemüse, das man wie Pflücksalat, Kletterzucchini oder Tomaten über eine lange Zeit immer wieder abernten kann. Nach der ersten Ernte pflanzt man im Mai Kopfsalat, Tomaten, Paprika, Buschbohnen, Gurken oder Mangold. Im Juli werden dann Herbstgemüse gesät oder gepflanzt. Bis kurz vor dem Winter reifen noch Endivien, Chinakohl, Feldsalat, Spinat, Knollenfenchel, Radieschen und Rettiche heran. Und wer selbst im Winter noch ernten möchte, ist mit Grünkohl, Rosenkohl, Löffelkraut, Pastinaken, Porree, Rucola und Schwarzwurzeln gut beraten.

Organische, langsam frei werdende Nährstoffe oder flüssiges Nachdüngen alle 2 Wochen sind wichtig für anhaltenden Ertrag. Ist das Gemüse reif, muss man bei richtiger Auswahl der Sorten nicht alles auf einmal ernten, denn im Laufe des Jahres reifen Blätter, Knollen und Früchte nach und nach heran – ganz kochtopfgerecht.

Und weil die Reihen und Wege entfallen, kann man jedes bisschen Platz intensiv nutzen. So fallen die Erträge mit speziellen Sorten auf einem Hochbeet überraschend hoch aus.

Hochbeete lassen sich leicht in den Garten integrieren. Durch einen fantasievollen Anstrich mit biologisch einwandfreien Farben in modischem Blau, zurückhaltendem Grün, leuchtendem Gelb oder bunt ganz nach eigenem Geschmack werden sie zum prägenden Gestaltungselement und zum Gartenmöbel, das durch seine Umweltfreundlichkeit beispielhaft ist.

Ganz bequem säen, pflanzen und ernten – mit einem Hochbeet macht das viel Freude.

Isolierung, Vlies und Frühbeet

Gelegentlich werden Hochbeete angeboten, die von der Innenseite gegen Kälte isoliert sind. Dies scheint auf den ersten Blick recht sinnvoll, der Erdkörper kühlt während der kalten Tage weniger aus, im Herbst kann länger geerntet werden, die Durchfrostung ist geringer.

Im Umkehrschluss sind diese Beete auch gegen Wärme des beginnenden Frühjahres isoliert. Gerade hier wird deutlich, dass eine dauerhafte Isolierung der Beete mit Dämmstoffplatten zwischen Hochbeetwand und Erdreich eher hemmt als wirkt. Im Frühjahr steigt die Bioaktivität mit der zurückkehrenden steigenden Temperatur rasch an, alles ist auf frisches Leben

Der erste Frühlingssalat. Luftiges Vlies sorgt für mollig-warme Wachstumsbedingungen.

eingestellt. Das Hochbeet, umströmt von der ersten warmen Luft des Jahres, am besten kombiniert mit einem Vlies oder einem Frühbeet, schafft die Grundlagen für frisches Wachstum. Und das einige Wochen eher, als im umliegenden tief gefrorenen Erdboden. Nur das gut isolierte Hochbeet bleibt kalt. Eine abnehmbare Isolierung hingegen kann während der Wintermonate für einen gewissen Schutz sorgen, wenn die Tage wärmer werden, wird sie entfernt. Letztlich kommt es auf eigene Versuche an.

Eine sehr sinnvolle Maßnahme ist ein Pflanzen- oder Wachstumsvlies. Es ist leicht, dünn, wasserdurchlässig und wird entweder einfach über das Beet gelegt und mit kleinen Holzstäben oder kleinen Ästen auf Abstand gehalten oder mit Drahtbügel, Weidenruten oder anderen Hilfsmitteln dicht über das Beet gespannt. Darunter entsteht ein angenehmes Klima für die Pflanzen. Das Vlies liegt schützend über den Pflanzen und hält starke Luftbewegung von den Jungpflanzen fern. Durch verringerte Luftbewegung sinkt das Ausmaß der Verdunstung sowohl an den empfindlichen Blättern der Pflanzen als auch am Erdboden. Das ist wichtig, denn Verdunstung bewirkt eine Kühlung. In kalten Nächten gibt der Erdboden des Beetes, erwärmt vom Tage, Wärme ab.

Die Wärme wird durch das Vlies am raschen Entweichen gehindert und bleibt als schützendes Polster unter dem Vlies. Es schafft ein feuchtwarmes Mikroklima, Temperaturspitzen werden gut geglättet. Wachstumsvliese sind im

Gegensatz zu Wachstumsfolien diffusionsoffen. Es entstehen keine an der Innenseite herablaufenden Tropfen, da überschüssiges Wasser nach außen entweicht. Zu hohe Luftfeuchtigkeit hebt das Risiko von Pilzbefall. Diese Gefahr besteht während der Jahresübergangszeiten nur in geringem Maß, da für Pilzwachstum höhere Temperaturen nötig sind. Besonders im Frühjahr und Frühsommer bewirkt ein Garten- oder Wachstumsvlies den entscheidenden Unterschied. Bei starker Sonneneinstrahlung wirkt es als zarte Beschattung und verhindert Sonnenbrand und übermäßige Austrocknung.

Frühbeete hingegen sind wahre Sonnenfänger. Während der Jahresübergangszeiten sind sie vor allem in Kombination mit Hochbeeten sehr effizient einzusetzen, da die Wärme der ersten Sonnenstrahlen noch sehr flüchtig ist. Unter einer Glashaube gefangen, erwärmen die Strahlen den Erdboden und somit auch die Luft. Der Boden gibt seinerseits während der kalten Nacht die gespeicherte Wärme langsam ab. Hier schützt die leicht aufgewärmte Luft die Pflanzen vor Frostschäden. Sehr gut kombinierbar ist das Frühbeet mit einem Wachstumsvlies, es reduziert die Verdunstung. Es wird einfach in das Frühbeet über die Pflanzen gelegt. Die Kombination aus erwärmtem Erdboden, Isolation durch das Vlies und der weitere Schutz durch das Frühbeet führt zu beeindruckenden Startbedingungen. Sollte eine späte Frostwelle nahen, helfen Grablicht- oder Ölkerzen die harten Minusgrade abzuwehren. Trotzdem ist das Lüften zur Wärmeregulation unerlässlich.

Ideal ist die Erweiterung eines Hochbeetes zu einem Kleingewächshaus. So werden die Vorteile des Hochbeetes mit den Vorteilen eines Treibhauses kombiniert. Infolgedessen lassen sich auch sehr wärmebedürftige Pflanzen in kühleren Regionen kultivieren. Wichtig ist in diesem Zusammenhang, dass Austrocknung entgegengewirkt und Stauwärme vermieden wird. Kräftiges Lüften sorgt an warmen Tagen für gute Durchlüftung.

Mit einem Treibhäuschen auf dem Hochbeet können empfindliche oder wärmeliebende Kulturen entsprechend gut versorgt werden. Es ergeben sich nicht nur in exponierten Lagen ungeahnte Möglichkeiten in Bezug auf Erntesicherheit und Ertrag. Es ist sogar eine Überlegung wert, ob solch charmante Hochbeet-Frühbeet-Häuschen ein raumnehmendes Glashaus ersetzen können.

Ein Frühbeet verwandelt das Hochbeet in ein optisch ansprechendes Kleingewächshaus.

Bewässerung der Pflanzen

Beim gemeinschaftlichen Leeren einer Weinflasche können viele gute Ideen entstehen. Die übrig gebliebene Flasche kann anstelle einer ordnungsgemäßen Entsorgung auch als Bewässerungsgerät dienen. Mit Wasser gefüllt und kopfstehend in den Erdboden gedrückt, wird das Wasser durch den Kapillareffekt langsam aus der Flasche gezogen. Bei größeren Pflanzen kann eine zweite oder dritte Flasche um den Stamm platziert werden. Originell ist dieses Bewässerungssystem allemal und ist ein Protest gegen die grenzenlose Wegwerfmentalität.

Vor Austrocknung geschützt wachsen Jungpflanzen rasch zu stattlicher Größe heran.

Ein schlüssiges Bewässerungskonzept kann im Privatgarten oder auf Terrasse und Balkon helfen, Dürreschäden an Pflanzen zu vermeiden. Es nimmt Ihnen die regelmäßige Verpflichtung des Gießens ab. Bei der Wahl eines für Sie geeigneten Systems, sollten Sie sich darüber Gedanken machen, was Sie von einer automatischen Bewässerung erwarten.

Für Hochbeete und Pflanzen in Gefäßen wie Trögen oder Töpfen sind Sprinkleranlagen, also kleine Wasserspritzer, nicht sonderlich geeignet. Nachteilig ist, dass nicht nur der Erdboden, sondern auch die Pflanzen sowie die nähere Umgebung beregnet werden, was die Gefahr von Pilzerkrankungen erhöht. Zudem ist eine Sprinkleranlage nicht sehr wassersparend und eher für große Flächen geeignet. Zielgerichteter zu steuern sind Bewässerungen mit einem Tropfschlauch. Die Nässe wird direkt über Lochungen auf den Boden aufgebracht und über das saugende Erdreich verteilt. Pflanzen entnehmen die angebotene Feuchtigkeit. Diese Bewässerungsmethode ist sehr sparsam im Wasserverbrauch, Verdunstung findet nur über dem Erdboden statt und kann mit Mulch oder Mulchvlies deutlich reduziert werden. Die Wassermengensteuerung kann mittels Zeitschaltuhr oder auch über einen Feuchtigkeitssensor erfolgen. Feuchtigkeitssensoren ermöglichen dabei ein direktes Reagieren auf bevorstehenden Wassermangel oder erlauben weitgehend konstant eingestellte Feuchtigkeitsgrade. Das macht durchaus Sinn, denn im Sommer verlangen die Pflanzen nach deutlich mehr Wasser als im

Frühjahr und Herbst. Bei Regenwetter wird nicht zusätzlich gegossen. Zeitschaltuhren hingegen müssen hinsichtlich der Bewässerungsdauer an die jeweiligen Jahreszeiten und an die Wetterlage angepasst werden.

Gerade in Bereich der Automatisation ist ein großer technischer Umbruch im Gange. Einige Heimautomatisierungssysteme sind dabei zukunftsweisend. Sie schaffen, Ihr persönliches Interesse und Ihren Mut vorausgesetzt, den Spagat zwischen allen Automatisierungsbereichen im Haus und Garten. Von Lichtsteuerung angefangen über Heizung, Jalousien, Zutrittskontrolle und eben auch Bewässerung im Garten sowie zusätzlich Beschattung und Lüftung von Gewächshäusern. Die Möglichkeiten sind dabei vielfältig, es handelt sich um skalierbare Alleskönner, die im Preis erstaunlich günstig sind.

In kleinen Gefäßen, wie dem Blumenkasten, kann eine Kapillarbewässerung gute Dienste leisten. Im Inneren des Kastens befindet sich ein Wasserspeicher, der sich beim Gießen füllt. In diesen Wasserspeicher ragen von oben Dochte aus Glasfaser, sie übertragen durch das Kapillarprinzip die Feuchtigkeit aus dem Speicher direkt an die Wurzeln. So werden die Pflanzen mit Wasser versorgt. Auch hier hilft das Abdecken der offenen Erdflächen mit Vlies oder durch Mulchen.

Bewässerungsschläuche sorgen für gute Feuchtigkeitsbedingungen.

Tropfsysteme stehen für zielgenaue Bewässerung. So findet jeder Tropfen seine Verwendung.

Schutz vor Schädlingen

Es liegt in der Natur, dass die leckeren Kulturpflanzen, die man gerne für sich und seine Lieben beansprucht, auch bei anderen Lebewesen Begehrlichkeiten heraufbeschwören. Es kommt keine Freude auf, wenn Maden von Gemüsefliegen oder Raupen des Kohlweißlings reiche Ernteaussichten vergällen. Plagegeister, wie viele Insektenarten, Wühlmäuse (s. S. 39) und des Nachbarn grabende Katze, aber auch Schnecken kommen Sie mit feinmaschigen Schutznetzen bei.

Diese Schutznetze werden dem Vlies gleich über die schutzbedürftigen Pflanzen gelegt oder

Der Schnegel, als Schädling verrufen, hilft gegen Ungeziefer: Er frisst Aas, Schnecken und deren Gelege.

gespannt. Die Anschlussstellen zum Erdreich sind die verbleibenden gefährdeten Bereiche. Diese können mit Erdspießen, Bändern oder auch einfach mit Steinen gegen Wind gesichert werden. Im Falle von Pflanzkästen oder Eimern wird das Netz über den Rand gezogen und mit einer Schnur oder einem Gummiband an der Außenhülle fixiert. So ist das Eindringen unerwünschter Gäste ausgeschlossen.

Von Schnecken und Schnegeln

Vielerorts meint man, den eigenen Augen nicht zu trauen. Es wälzt sich an feuchtwarmen Tagen mit beginnender Abkühlung und Dunkelheit eine rotbraune Masse aus hunderten Einzeltieren in Richtung der wie der eigene Augapfel gehegten Gemüse- und Salatpflanzen. Epidemisch breiten sich die Schnecken aus und verlassen den Schauplatz des großen Fressens erst nach Rodung oder mit den nächsten Sonnenstrahlen. Das ist dramatisch, doch es gibt Möglichkeiten, ihnen Einhalt zu gebieten.

In jedem Fall ist der naturnahe Garten von Vorteil, denn er beherbergt eine Vielzahl von natürlichen Feinden der Schnecken. Wo Blätter und Laub im Herbst liegen bleiben, ist der Laufkäfer nicht weit. Fleischfressende Insekten überfallen Schnecken, denn im Wesentlichen sind diese wehrlos. Darüber hinaus bewohnen eine gute Anzahl weiterer Tiere, die Schnecken auf dem Speisplan haben, den naturnahen Garten. Gerne gesehen ist der Igel, für ihn lohnt es Reisig- und Laubhaufen bereitzustellen. Auch Kröten, Nattern, Eidechsen sowie einige Vogelarten ernähren sich von Schnecken und deren Gelege.

Die Überraschung ist groß, steht auch eine Schneckenart dem Gärtner im ungleichen Kampf zur Seite: Der Schnegel. Gerade er ist besonders schützenswert, steht er als Nacktschnecke unter Generalverdacht des Schädlings. Der Schnegel ist nicht sonderlich an gesunden Pflanzen interessiert, sondern frisst, allen voran der Tigerschnegel, Aas, Schnecken und deren Gelege, abgestorbene Pflanzenteile und weidet Pilze und Algen. Der Schnegel hilft nach Meinung einiger Experten, die Spanische Wegschnecke in Zaum zu halten. Auch bei der Umsetzung organischen Materials in wertvollen Humus sind Schnegel wie auch Schnecken beteiligt. Wer den Tigerschnegel bei sich im Garten vorfindet, kann sich glücklich schätzen! Er wurde zum Weichtier des Jahres 2005 gewählt.

Das Hochbeet kann bei großem Schneckenverdruss gute Dienste leisten. Zwar können Schnecken auch gelegentlich die Wände von Hochbeeten erklimmen, doch fehlt ihnen auf dem Weg ins Hochbeet die schützende Deckung. Im Beet hinterlassen sie Fraßspuren, ein eindeutiges Indiz auf ihre Anwesenheit. Dank der angenehmen Hochbeethöhe kann das Absammeln der wenigen Tiere im Vorübergehen erfolgen. Sollten Sie in einem regelrecht »schneckenkontaminierten« Gebiet leben, haben Sie im Falle des Hochbeetes noch weitere Optionen.

Schneckenzäune gibt es in verschiedenen Ausführungen. Als besonders effizient haben sich

elektrische Schneckensperren erwiesen. Bei Berührung bekommt die Schnecke einen schwachen Stromschlag, ähnlich wie die Kuh vom Weidezaun, ungefährlich für Mensch und Tier. Sperren dieser Art gibt es auch solarbetrieben. Im Handel erhältlich sind außerdem Schneckenschutzwinkel, die so geformt sind, dass Schnecken beim Überqueren mangels Halt abfallen. Eine weitere Möglichkeit sind Schnecken-Pasten oder Schnecken-Gel. Sie müssen dermaßen abscheulich auf Schnecken wirken, dass sie lieber den Rückzug antreten als darüberzukriechen. Freilich gibt es auch weniger rücksichtsvolle Mittel zur Schneckenbekämpfung. Diese Mittel, wenngleich sehr effizient, machen jedoch keinen Unterschied zwischen Spanischer Wegschnecke und anderen nützlichen Schnecken.

Hasendraht ist für junge Wühlmäuse kein Hindernis – die Maschen sollten nur 8–10 mm weit sein.

Nützliche und schöne Ideen zum Pflanzen

Die ersten Radieschen, Rettiche und Salate sind schon abgeerntet – jetzt wachsen Jungpflanzen für den Sommerflor heran. In wenigen Tagen steht das Hochbeet für andere Ideen zur Verfügung. Wie wäre es mit Erdbeeren bis zum Herbst oder mit Blumen, Paprika und Pilzen? Ein Hochbeet lässt sich vielseitig nutzen. Lassen Sie sich überraschen.

Das Hochbeet kann ein Frühbeet ersetzen

Ob Salat, Kohlrabi, Frühkohl oder Sommerblumen wie Bechermalven, Löwenmäulchen oder Astern – im Hochbeet kann man nicht nur viel bequemer, einfacher und leichter ohne Bücken säen, auch den keimenden Pflanzen bekommen die Bedingungen in angewärmter Luft besser. Freudig wachsen sie in der lockeren, möglichst unkrautfreien Aussaat- oder Blumenerde heran. Zur gleichen Zeit lässt sich das Hochbeet auch als Kulturfläche nutzen. Während sich die Aussaaten zu Jungpflanzen entwickeln, gedeihen nebenan schon die ersten Radieschen, Mairüben, Salate oder Salatrauke für eine frühe Ernte.

Eine Abdeckung aus Glas oder ganz einfach mit einem Tunnel aus Vlies hilft dabei. Man kann unter dieser wärmenden Sonnenfalle Sägemüse wie frühe Radieschen, Rettiche, Spinat, Winterportulak und Salatrauke bis zur Ernte kultivieren. Unter einer Vliesabdeckung setzt sie drei bis vier Wochen früher ein als im Freien. Auch Schnittsalat und Pflücksalate sind Kulturen, die schnellen Ernteerfolg bringen. Man sät sie am besten am Rand aus und hält sich die Mitte frei für die Anzucht der Pflanzgemüse- oder Sommerblumensetzlinge. Sind sie ausgepflanzt, wird das Beet frei für Sommerkulturen. Weil es darunter schnell zu heiß wird, hat das Vlies danach bis zum Spätherbst ausgedient. Nützlich wird es erst wieder für die Spätherbst- und Winterkulturen als Schutz gegen Nässe, Schnee und leichte Fröste. Geht es um die giftfreie Abwehr von Schädlingen können Sie die Fläche mit Insektenschutznetz überziehen. Vor allem auf Balkon oder Terrasse erlaubt die Kombination kleiner Hochbeete mit Frühbeet- oder Gewächshausaufbauten aus Holz oder Metall eine vielseitige Nutzung.

Unter dem Vliestunnel wachsen Jungpflanzen schnell und kräftig heran.

Pflanzen im Karree (Squarefoot-gardening im Hochbeet)

Warum immer in Reihen kultivieren? Es geht auch anders, mit Karrees mitunter sogar besser. Die in amerikanischen Stadtgärten entstandene Methode des Pflanzens in Quadraten von 30–40 cm Länge (30 cm = 1 foot) hat einige Vorteile, die sich auch im Hochbeet bewähren. Jedes Karree wird nur mit so vielen Pflanzen besetzt, wie die Familie für eine Mahlzeit braucht, z. B. ein Eissalat, vier Pflücksalate, fünf Kohlrabis, eine Buschtomate, eine Gurke oder Petersilie als Dauerkultur. Nach dem Abernten wird die kleine Parzelle sofort wieder neu besät oder bepflanzt. Auf diese Weise entsteht von Frühling bis Herbst ein abwechselungsreicher Speisezettel, der sich ganz nach den Vorlieben und dem Bedarf der Familie richtet. Alles wird verbraucht, nichts wird im Übermaß erzeugt und später weggeworfen, jeder kann seine Wünsche verwirklichen. Das Wichtigste aber: Diese Methode braucht sehr wenig Platz, schon auf Schreibtischgröße wächst so viel heran, dass es für den Bedarf einer Familie reicht. Besonders lohnend sind Buschbohnen, Pflücksalat und Tomaten, die man über längere Zeit ernten kann. Die Minibeete gedeihen in jedem Garten, mit einer 20 cm hohen Erdschicht, mit Folienunterlage sogar auf dem Beton von Hinterhöfen und natürlich auch im Hochbeet.

Für die 30- oder 40-cm-Karrees kann man sich eine gitterartige Schablone aus Holzleisten basteln, die wegen der besseren Ordnung dauerhaft auf dem Beet liegen bleibt. Noch einfacher ist das Abteilen mit einer Schnur oder Wäscheleine.

Werden Gurken am Rand gepflanzt, können sie später über diesen ranken.

Einfach, schnell und preiswert ist das Abteilen der Karrees mit witterungsbeständiger Wäscheleine.

Essbare Blüten, die besten Arten

Ein Gaumengenuss besonderer Art sind Blüten, die man essen kann. Nutzen und Zierde lassen sich auf prächtige Weise vereinen z. B. durch Samenmischungen, die das Hochbeet schmücken und zudem noch angenehm schmecken. Einige Beispiele:

Blaue Boretschblüten kann man frisch pflücken oder aber als Vorrat in Eiswürfel einfrieren.

Die Blüten der Kapuzinerkresse schmecken pikant, ebenso die Knospen und Blätter.

So stehen sie immer als besondere Attraktion in Cocktails oder auf Desserts zur Verfügung.

Eher für Salate eignen sich die aromatisch duftenden und pikant würzig schmeckenden Blüten der Kapuzinerkresse. Sowohl die Knospen als auch die jungen Samenkapseln dienen – in Essig eingelegt – als hausgemachter Ersatz für Kapern.

Die Sammetblume oder Gewürztagetes (*Tagetes tenuifolia*) bringt zahlreiche Blüten hervor, die nach Zitrus duften. Blätter und Blüten geben Salaten, Fisch und asiatischen Gerichten eine besondere Note.

Schmackhafte Salate können Sie auch aus folgenden Blüten bereiten: Balsamine (*Impatiens balsamina*), Schmuckkörbchen (*Cosmos sulphureus*), Duftveilchen (*Viola odorata*) und Hornveilchen (*Viola cornuta*), Duftpelargonie, Ananassalbei (*Salvia rutilans*), Honigmelonensalbei (*Salvia dorisiana*), allen Arten von Gänseblümchen (*Bellis*) und viele mehr.

Schön und nützlich zugleich sind auch die Blüten von Teepflanzen wie Türkischer Drachenkopf (*Dracocephalum moldavica*), Malven (*Alcea rosea, Malva sylvestris*), Kamille (*Chamomilla recutica*) und Mexikanischer Minze (*Agastache foeniculum*).

Blüten zum Essen gibt es als Samenmischung im Gartencenter. Die Aussaat erfolgt von April bis Juni, Blüten zum Ernten gibt es von Juni bis November.

Buntes durch die Jahreszeiten

Hornveilchen zwischen Salatköpfen im Frühjahr, bunte Zinnien oder Studentenblumen als muntere Farbkleckse zwischen Tomaten oder Kräutern und im Herbst Astern als Auflockerung zwischen Endivien und Rucola, solche zierenden und originellen Extras nehmen einem Gemüse- oder Kräuterhochbeet den Eindruck von reiner Nützlichkeit und sind deshalb willkommen. Mit ihrem Vorrat an Pollen und Nektar locken sie sogar Schmetterlinge, Bienen und eifrige Blattlausfänger wie Schwebfliegen an und machen sich dadurch beliebt.

Doch ein Hochbeet lässt sich auch problemlos in einen kleinen, aber umso hübscheren Blumengarten verwandeln. Vor allem üppig blühende Frühlingsblumen wie Stiefmütterchen, Hornveilchen und Tausendschön (*Bellis*) von März bis Ende Mai und im Sommer einjährige Beetpflanzen wie Studentenblumen (*Tagetes*), Elfenspiegel (*Nemesia*), Zwergschleierkraut (*Gypsohila muralis* 'Gypsy'), weißer Zauberschnee (*Chamaesyce*) oder auch Zinnien in halbhohen Sorten sind robust genug, um sich zwischen üppig wachsenden Gemüsen zu behaupten. Als über die Ränder hängender Sommerschmuck punkten weißes oder rosa Duftsteinkraut (*Alyssum*) und Schneeflockenblumen (*Bacopa*, *Sutera*). Für den Herbst bieten sich als attraktive Favoriten neben buntem essbarem Ziermangold 'Bright Lights' kissenförmige Topfchrysanthemen an, ebenso die silbrig-weiße Stacheldrahtpflanze (*Calocephalus brownii*). Eine ungewöhnliche Attraktion sind auch die roten, gelben oder violetten Früchte der beliebten höllisch scharfen Chili-Peperoni, von denen es in herbstlichen Gartencentern üppig fruchtende Balkonsorten gibt. Ihr herrlicher Farbverlauf ändert sich im Zuge der Reife.

Wer einen Schmuck für den Winter sucht, sollte die schon ab Herbst sehr lange blühenden, zierlichen Hornveilchen (*Viola cornuta* 'Ice Babies') probieren. Empfehlenswert ist eine Abdeckung mit luftigem Vlies, dann nutzen sie jeden Sonnen- und Wärmestrahl zur Bildung neue Knospen. Als Alternative bieten sich Blattschmuckpflanzen wie das Silberblatt (*Senecio bicolor*), Zierkohl oder auch der rote Grünkohl 'Red Bor' an. Alle vertragen leichten bis mittleren Frost und haben bis zur Frühjahrsbepflanzung ihre Mission erfüllt.

Lassen Sie zwischen Gemüsen auch mal Blumen gedeihen. Optimal ist Mangold mit bunten Stielen.

Naschgarten

Für Leckermäulchen, ob groß oder klein, ist das Einrichten eines Hochbeets so ähnlich wie der Eintritt ins Paradies. Von Juni bis zum Frost finden sie unentwegt etwas Obstartiges zum Naschen, und das auf sehr wenig Platz. Über Sommer reifen an sogenannten »immertragenden« Erdbeersorten wie 'Toscana', 'Elan' oder 'Mara des Bois' und an Rankgittern in die Höhe strebenden Klettererdbeeren monatelang süße, saftige Früchte. Am besten gedeihen sie an den Rändern gepflanzt. Dort fühlen sich auch süß-aromatische Zuckermelonen des 'Charentais'-Typs wohl, die als einzige durch herrlichen Duft ihre Vollreife anzeigen. 'Orange Beauty' ist dafür mit ihren kurzen Ranken besonders gut geeignet.

Besonders lohnend und überraschend ertragreich sind Himbeeren, die sehr gut auf begrenztem Raum gedeihen. Bei entsprechender Sortenwahl können sich die Naschkatzen von Sommer bis Herbst an herrlich süßen saftigen Früchten laben. Besonders interessant sind im Herbst tragende Sorten wie 'Autumn Bliss', 'Himbo Star' (beide rot) oder 'Fallgold' (gelb), denn durch die außergewöhnliche Erntezeit trickst man die Maden des nur im Sommer aktiven Himbeerkäfers aus. Auch Stämmchen von Stachelbeeren und Johannisbeeren sind leicht gedeihendes ertragreiches Beerenobst, nicht zu vergessen Heidelbeeren. Von immer mehr Obstarten kultivieren die Gärtner Säulenformen, die mit sehr wenig Platz auskommen und sich deshalb auch für die Kultur in Pflanzbeeten, Trögen oder Kübeln eignen. Brombeeren, Äpfel, Birnen, Kirschen, Pflaumen und Aprikosen (Marillen) machen heute die Auswahl spannend.

Auch pflegeleichte, gegen Krankheiten und Frost resistente Weintrauben sowie Minikiwis (*Actinidia arguta*) kann man an Rankgittern aufleiten und sich im Herbst über die reiche Ernte freuen. Was sich außerdem lohnt: Andenbeeren (*Physalis peruvianum*), Erdkirschen (*Physalis peruvianum*), Birnenmelonen oder Pepinos (*Solanum muricatum*), Erdnüsse und Naschgemüse wie Cocktail- und Datteltomaten, Gurken oder Paprika.

Mehrfachtragende Erdbeeren bringen von Juli bis Oktober ständig neue Früchte.

Pilze im Hochbeet kultivieren

Einige Speisepilze gedeihen ausgezeichnet im Hochbeet an schattiger Stelle. Sie bringen ab Spätsommer oder auch nach der Überwinterung im Frühjahr eine sichere Ernte. Besonders gut eignen sich dafür die in unserem Klima heimischen Braunkappen oder Riesenträuschlinge (*Stropharia rugoso-annulata*), noch besser Austern- oder Kalbfleischpilze (*Pleurotus ostreatus*), die wegen ihres Aussehens und der cremeweißen Färbung auch als Muschelpilze und wegen des ausgezeichneten milden Geschmacks als Kalbfleischpilze bezeichnet werden. Sie ernähren sich von organischer Substanz (Zellulose) in Form von Getreidestroh, das als Pressballen ins Beet gebracht, gründlich durchfeuchtet und anschließend mit Pilzbrut geimpft wird.

Die auf Getreidekörnern, Holzstäbchen oder präpariertem Stroh von Züchtern herangezogene Brut gibt es im Versand oder in Gartencentern. Die beste Zeit zum Beginn ist von Mai bis Juli. Büschelweise erscheinen die Fruchtkörper im Spätherbst von Oktober bis Dezember, wobei sich die Ernte in mehreren Schüben hinzieht, so lange bis die im Stroh enthaltenen Nährstoffe abgebaut sind.

So wird es gemacht:
Ein idealer Platz findet sich unter Bäumen im Garten, wo die Strohballen vor dem Austrocknen geschützt sind.

1 Benötigt werden frisch geerntete Ballen von Weizen- oder Roggenstroh. Es darf weder von anderen Pilzen infiziert noch mit Chemikalien und Halmverkürzern behandelt sein.

2 Die Ballen werden mehrmals durchdringend gewässert, bis sie gesättigt sind.

3 Zum Beimpfen werden entweder Brutstäbchen oder haselnussgroße vom weißen Pilzmycel durchwachsene Substratbrocken 10–15 cm tief und im Abstand von ca. 20 cm ins Stroh gesteckt. Mit einer Folie abgedeckt, sind sie vor übermäßiger Nässe und Austrocknen

1 Die Pressballen mit frischem Stroh werden zunächst mehrmals gründlich angefeuchtet.

TIPP

Die vielen Fruchtkörper sollten immer zusammen abgeerntet werden, denn die kleinen Nachzügler dazwischen werden sich nicht weiterentwickeln.

geschützt. Die Brut beginnt bald zu wuchern und durchwächst das Stroh, was bei 18–25°C vier bis sechs Wochen dauert, bei Start der Kultur im Herbst mitunter den ganzen Winter.

4 Nach weiteren drei bis vier Wochen setzt die erste starke Ernte ein. Nach drei bis vier Erntewellen ist das Stroh weitgehend abgebaut. Ein Ballen Stroh kann 3–6 kg Austernpilze liefern.

2 Danach wird die Brut tief ins feuchte Stroh gesteckt.
3 Schnell durchwuchern Pilzfäden das Stroh und bilden Fruchtkörper, die in Büscheln erscheinen.
4 Die Ernte der leckeren Pilze erscheint in mehreren Schüben im Abstand von 3–4 Wochen.

Mit dem Hochbeet durchs Jahr

Hochbeet im Frühling

Von Ende März bis Anfang April beginnt am Hochbeet das Gartenjahr. Dann kann man schon Radieschen, Rettiche, Spinat, die raschwüchsige Salatwiese und Pflücksalat aussäen, ebenso würzige Kräuter wie Petersilie, Gartenkresse, Kerbel, Rucola und Mischungen der pikant schmeckenden schnellen Asia-Salate. Ebenso müssen jetzt Lauchzwiebeln gesät oder Steckzwiebeln in die Erde gebracht werden. Wer sich die etwas mühsame Anzucht sparen will, findet beim Gärtner ab April pflanzfertige Ballen von Kopf- und Eissalat, von Kohlrabi und leckerem Spitzkohl. Eine Abdeckung mit Vlies beschleunigt das Wachstum enorm, sodass bis Ende Mai geerntet werden kann. Der Platz steht danach für frostempfindliche Sommerkulturen wie Tomaten und Paprika zur Verfügung.

Reiche Ernten im Sommer

Wie auf dem Plan ersichtlich, wachsen nach den Frösten ab Ende Mai in der Beetmitte ertragreiche Gemüsepaprika, würzig-scharfe Peperoni und an den Rändern leckere Buschtomaten, die sich überhängend weiter ausbreiten dürfen. Die mehrfach tragenden Erdbeeren halten vom Frühsommer bis zum Frost immer wieder süße Naschfrüchte bereit. Als Dauerkultur nehmen sie mit einem Platz am Hochbeetrand vorlieb. Die Fläche wird mit Kohlrabi, Brokkoli und dazwischen Neuseeländer Spinat, mit saftigem Spitzkohl und zartem Pflücksalat

ausgefüllt. An den Rändern zieren allerhand Kräuter, von Schnittlauch über ausdauernder Wilder Rauke (Rucola) zu Basilikum, Minze, Schnittlauch und Petersilie. Über den Rand baumeln noch ausladende Rankgewächse wie Gurken, Melonen und Kletterzucchini. Erstaunlich, aber diese Gemüse können nicht nur in die Höhe sondern auch nach unten wachsen

Hier kann bald geerntet werden. Schnittlauch, Spitz-Rotkohl, Salate und Erbsen gedeihen munter nebeneinander.

Maße: 100 x 200 cm

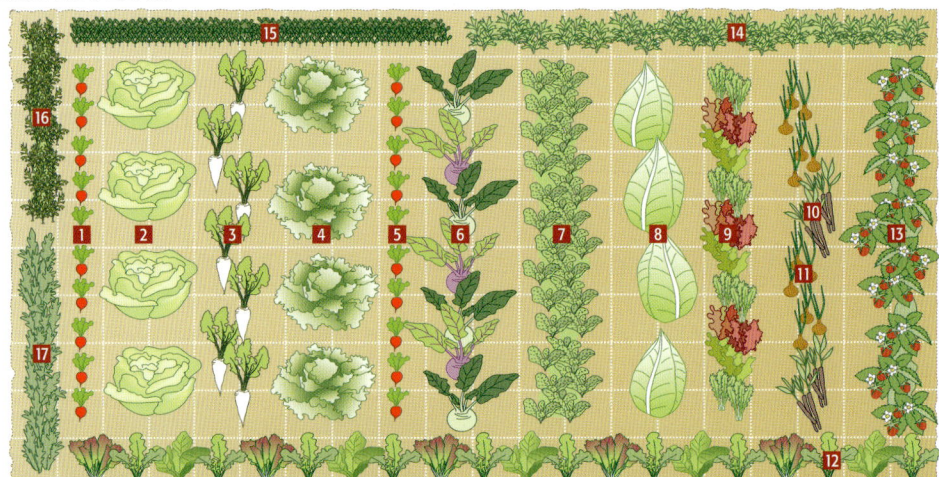

Das Hochbeet im Frühling: **1** Radieschen **2** Kopfsalat **3** Rettiche **4** Eissalat **5** Radieschen **6** Kohlrabi weiß und blau **7** Spinat **8** Spitzkohl **9** Pflücksalat Mischkultur aus **10** Steckzwiebeln und **11** Schwarzwurzeln **12** Asiasalate und Salatwiese **13** Immertragende Erdbeeren **14** Kerbel **15** Gartenkresse **16** Petersilie **17** Rucola

Das Hochbeet im Sommer: Mischkultur aus **1** Zwiebeln und **2** Frühporree **3** Neuseeländer Spinat **4** Brokkoli **5** Tomaten **6** Paprika **7** Peperoni **8** Kohlrabi **9** Porree **10** Pflücksalat **11** Mischkultur aus **11** Steckzwiebeln und **12** Schwarzwurzeln **13** Zuckermelone **14** Kletterzucchini **15** Gurke **16** Petersilie **17** Rucola **18** Basilikum **19** Minze **20** Schnittlauch **21** Zitronenmelisse **22** Erdbeeren

Das Hochbeet im Herbst: **1** Rettiche **2** Radieschen **3** Chinakohl **4** Tomaten **5** Paprika **6** Peperoni **7** Endivien **8** Porree **9** Radicchio **10** Schwarzwurzeln **11** Zuckermelone **12** Kletterzucchini **13** Gurke **14** Petersilie **15** Rucola **16** Basilikum **17** Minze **18** Schnittlauch **19** Zitronenmelisse **20** Erdbeeren

Das Hochbeet im Winter: **1** Feldsalat **2** Grünkohl **3** Spinat **4** Porree **5** Spinat **6** Schwarzwurzeln **7** Petersilie **8** Rucola **9** Winterhecke-Zwiebeln **10** Etagenzwiebeln **11** Löffelkraut **12** Minze **13** Schnittlauch **14** Zitronenmelisse **15** Erdbeeren. Tipp: Abdecken mit Vlies schützt vor Frost und erlaubt sauberes Ernten.

TIPP

Eine Attraktion sind auch Pflanzen von mehrfach tragenden Erdbeer-Sorten (z. B. 'Elan' oder 'Toskana'), die um diese Jahreszeit schon mit zahlreichen Blüten auf üppige Naschernten ab Juni bis spät in den Herbst schließen lassen.

und damit den knappen Platz optimal ausnutzen. Ein ideales platzsparendes Gemüse ist der Neuseeländer Spinat (im Plan zwischen Brokkoli gepflanzt), ein Eiskrautgewächs von der anderen Seite der Erde, von dem man über den ganzen Sommer und noch im Herbst

Viele Früchte von Tomaten, Melonen und Paprika reifen vom Hochsommer bis spät in den Herbst.

laufend viele fleischige und wohlschmeckende Blätter pflücken kann.

Wer farbige Gemüse wählt, trägt ebenfalls zur Abwechslung bei. Blaue und weiße Kohlrabis, gelbe und rote Paprika, höllisch scharfe asiatische Peperoni und Tomaten in auffälligen Tönen. Grüne und rote Kopf- und Pflücksalate, rote und weiße Radieschen, blaugrüne Porreestangen für den Winter und sattgrüner Feldsalat – die Liste ist lang. Hohe Erträge liefern Minigurken und Kletterzucchini.

Hoch hinaus im Herbst

Auch wenn Fruchtgemüse wie Tomaten, Melonen, Gurken und Zucchini noch voll in Saft und Kraft stehen, ist es im August Zeit, für den Herbst und bald auch schon für die Überwinterung vorzusorgen. Erstehen Sie so weit wie möglich vorgezogene Pflanzen, dann wird die wertvolle Fläche nicht blockiert und Melonen oder Gurken lassen sich in Ruhe abernten, um dann den frei gewordenen Platz mit Herbstgemüsen wie Endivien, Radicchio, Chinakohl oder Rettichen, Radieschen, Spinat oder Feldsalat zu belegen. Als letzte der Sommergemüse räumen Tomaten den Platz. Dann kann man immer noch Winterportulak, Löffelkraut oder überwinternden Spinat aussäen und frostbeständige Zwiebelraritäten wie Etagenzwiebeln oder Winterhecke pflanzen. Es lohnt sich, die Kulturen mit aufgelegtem Vlies vor den ersten Frösten zu schützen, denn dann ist die Gefahr in den Nächten vorerst überstanden und es stehen meist drei milde Wochen für weitere Ernten zur Verfügung.

Winterernte

Im Winter ruht die Vegetation und damit auch weitgehend das Hochbeet. Doch keine Regel ohne Ausnahme: Einige Gemüse nutzen selbst Tauwetter mit geringen Wärmegraden, um langsam weiter zu wachsen. Nicht wenige von ihnen können dem Frost widerstehen und auch in der kalten Jahreszeit vitaminreiche Ernten bereithalten. Bis zum Beginn harter Fröste sollten Grünkohl und Winterlauch abgeerntet sein – ist der Winter mild oder das Beet mit Vlies abgedeckt, haben Sie Zeit bis zum Frühjahr. Pastinaken und Schwarzwurzeln verlieren ab Ende März schnell an Qualität. Auch Blattgemüse wie Feldsalat, Löffelkraut, Winterportulak, Rauke, überwinternder Spinat und Petersilie liefern dann zwar noch Blätter, doch zunehmend auch Blüten. Die Devise: Abernten und das Beet für neue Aussaaten vorbereiten.

TIPP

Decken Sie die Beetfläche mit Vlies ab, das macht das Ernten bei Schnee angenehmer und sauberer, außerdem schützt das leichte Gewebe gegen stärkere Fröste und die verbleibenden Gemüse nutzen jede Temperaturerhöhung zum Weiterwachsen. Deutliche Wachstumsvorsprünge sind bei dieser Sonnenfalle ab Spätwinter zu sehen.

Grünkohl – sein angenehm süßliches Aroma bildet sich erst nach dem ersten Frost aus.

Die winterharten Etagenzwiebeln bilden sich in luftiger Höhe. Auch das Laub kann man immer ernten.

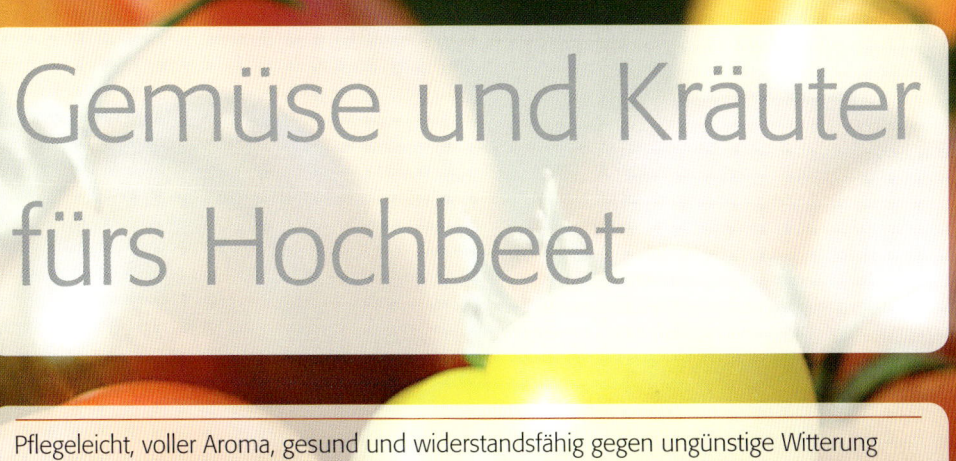

Gemüse und Kräuter fürs Hochbeet

Pflegeleicht, voller Aroma, gesund und widerstandsfähig gegen ungünstige Witterung sollen die Gemüse- und Kräuter-Favoriten fürs Hochbeet sein. Wichtig sind dabei die Sorten. Die meisten findet man schon pflanzfertig beim Gärtner, im Gartencenter oder auf dem Markt. Was dann noch fehlt, wird ganz einfach nach Lust und Laune gesät.

Die besten Gemüse

Obwohl Hochbeete aus dem Bioanbau für Gemüse entstanden, muss man keinen Lehrgang absolvieren, um mit ihnen Erfolg zu haben. Jeder kann sie ganz einfach und vielseitig nutzen. Hervorragend eignen sie sich für alle, die wenig Platz haben und sich dennoch mit all dem Gemüse versorgen wollen, das ihnen am Herzen liegt. Hier gedeihen die Gewächse in ergonomisch vorteilhafter Hüfthöhe, das macht das Pflanzen, Pflegen und Ernten einfacher. Auch die Pflanzen entwickeln sich schneller und üppiger in der durch Bakterien sanft erwärmten nährstoffreichen Erde, umgeben von lauer Luft.

Dabei sind besonders solche Arten und Sorten gefragt, die buschig, kompakt und niedrig wachsen. Stangenbohnen streben bekanntlich in die Höhe, da wird das Ernten schwierig, Buschbohnen sind die bessere Alternative, ebenso verdienen kompakte Buschtomaten den Vorzug vor hohen Sorten an Stäben. Kletterzucchini, Gurken und Melonen können sich an Rankgittern entfalten, auf dem Beet ausbreiten oder auch über die Ränder hängen. Die folgende Auswahl konzentriert sich weitgehend auf solche Gemüse und Sorten, die nicht viel Platz in Anspruch nehmen, wenig Aufwand erfordern, von Natur aus kaum unter Schädlingen und Krankheiten leiden und leicht zu ernten sind. Kurzum – das Gärtnern am Hochbeet soll eine reine Freude sein und viel Genuss bereiten, dazu lohnt es vor allem, speziell geeignete Sorten zu verwenden.

Je häufiger man Buschbohnen aberntet, desto mehr neue Hülsen werden angesetzt – und das über viele Wochen.

Buschbohnen
Phaseolus vulgaris

Die rankenlosen ca. 30 cm hohen und buschig wachsenden Schmetterlingsblütler lohnen sich ganz besonders, denn sie gedeihen sehr leicht, brauchen kaum Dünger und Pflege und bringen hohe Ernten über viele Sommer- oder Herbstwochen. Je mehr man abpflückt, desto mehr Blüten und danach fleischige Hülsen setzen wieder an. Neben den üblichen Sorten mit grünen oder rötlich gefleckten Hülsen gibt es auch gelbe, knackige Wachsbohnen (ideal für Bohnensalat) und »Blaue Bohnen« mit purpurvioletten Hülsen, die beim Kochen grün werden. Ihnen wird ein besonders gutes Aroma nachgesagt. Die Hülsen moderner Sorten sind

10–18 cm lang, ohne Fäden, fleischig und wohlschmeckend, sowohl zum Kochen als auch zum Einfrieren geeignet. Nur roh sollte man sie nicht essen, denn dann enthalten sie noch Phasein, einen Eiweißstoff, der beim Erhitzen seine Giftigkeit verliert.

Kultur: Legen Sie erst nach dem letzten Frost Ende Mai im Abstand von ca. 30 cm jeweils ein Samenhäufchen von fünf bis sieben Körnern 3–4 cm tief aus und decken Sie Erde darüber (das nennt man Horstsaat). Bei dieser Methode stehen die Pflanzen besser zusammen und fallen nicht um. Oder Sie legen in Reihen von 30–40 cm Abstand und in 3–4 cm tiefe Rillen alle 4–6 cm ein Korn, bedecken es danach mit Erde, andrücken und angießen nicht vergessen. Aussaatzeit ist von Mai bis Anfang Juli, Erntezeit von Juli bis in die Herbstmonate.

Empfehlenswerte Sorten: 'Maxi' und 'Daisy' (grünhülsig), 'Golden Teepee' (gelbe Wachsbohne) und 'Purple Teepee' (violett) sind Züchtungen, die ihre Hülsen gut sichtbar oberhalb der Blätter tragen (sogenannte »Gluckentypen«). Sie lassen sich besonders leicht ernten und machen schon beim Anschauen und Pflücken Lust auf den hohen Ertrag. Wer Wert auf viel Aroma legt, ist mit den meist schwarzsamigen »Filetbohnen« gut bedient, deren Ursprünge in Frankreich liegen. Dazu zählen 'Negra', 'Telstar', 'Miry'.

Verwendung: Ausgezeichnet schmecken grüne Bohnen frisch gekocht und mit Bohnen- oder Bergbohnenkraut gewürzt zu Fleisch oder in Sommersuppen, geschnippelt und eingesäuert oder mit weißer Soße. Nichts geht jedoch über einen deftigen Bohnensalat, gewürzt mit Essig, Zwiebeln, Salz und Pfeffer. Besonders gut eignen sich dafür gelbe Wachsbohnen.

Gemüse- und Würzpaprika (Chili, Peperoni, Pfefferoni)
Capsicum annuum

Die mit den Tomaten eng verwandten Nachtschattengewächse aus dem tropischen Süd- und Mittelamerika gedeihen unter den warmen Bedingungen des Hochbeets ausgezeichnet. Zudem sind sie ein interessantes Gemüse mit einer großen Vielfalt der Früchte, die schmal und spitz, kegel- oder hornförmig, blockig, tomatenartig rund, knopfförmig und gefurcht sein können, auch das Auge hat daran seine Freude.

Beim Aroma wird von würzig-süß, fruchtig-frisch, obstartig wie Äpfel, leicht würzig bis hin zu höllisch scharfen Sorten wird alles geboten.

Wichtig: Weil man den Schärfegrad von außen nicht erkennen, sondern nur ausprobieren kann, ist beim Kosten Vorsicht geboten.

Ob mild oder scharf, mit bunten Farben und vielfältigen Formen zählt Paprika zu den interessantesten Gemüsen.

Kultur: Fertige Pflanzen ersparen die aufwendige Vorkultur. Wollen Sie eigene Pflanzen anziehen, brauchen Sie eine warme helle Fensterbank oder ein Gewächshaus. Aussaat ab Ende Februar/März bei 18–22°C jeweils ein bis zwei Samen gleich in Töpfchen oder Topfplatten (damit spart man sich das aufwendige Pikieren). Eventuell nochmals umtopfen, dann wird Ende Mai ins Freie gepflanzt, im Abstand von 40–60 cm, ein Stab stützt die Pflanzen. Geben Sie sobald die Blüte beginnt zwei- bis dreimal im Abstand von drei Wochen flüssigen Dünger und halten Sie die Pflanzen immer gleichmäßig feucht.

Milde Sorten: blockig zum Füllen 'Bell Boy', 'California Wonder', 'Nazar' (alle grün-rot abreifend), 'Narobi', 'Golden Bell', 'Ariane' (gelb und orange), 'Mavras' (schwarzviolett, später rot), spitz-fruchtig 'Pinocchio', 'Toskana'.
Scharfe Chilis sind 'Apache', 'Cayenne', 'Westlandia' (grün/rot). 'Acapulco' (bunt-violett).

Moderne Feldsalat-Sorten kann man heute ganzjährig und nicht nur in der kühlen Jahreszeit verwenden.

Feldsalat, Rapunzel, Nüssler
Valerianella locusta

Dieser in deutschen Weinbergen heimische Ackersalat hat sich in der modernen Küche zum beliebten Edelsalat gemausert. Obwohl nicht allzu ertragreich, werden die knackigen löffelförmigen Blätter an zierlichen Rosetten vor allem als frostbeständiger Herbst- und Wintersalat geschätzt, aber nicht nur. Die neuen Sorten eignen sich auch zu ganzjährigem Anbau, denn man kann sie sogar im Frühjahr und Sommer über eine wochenlange Periode ernten, bevor sie in Blüte schossen. Feldsalat hält vor allem im Winter viele Mineralien und Vitamin C bereit. Die nussig schmeckenden Blättchen lassen sich leicht und schnell anrichten.

Kultur: Der genügsame Feldsalat braucht keine spezielle Düngung, er gedeiht sowohl in der Sonne als auch im Halbschatten. In manchen Gartencentern gibt es in den Herbstmonaten fertige Ballenpflanzen zu kaufen. Falls nicht, können Sie Anfang August für die Herbsternte bis Oktober zur Überwinterung und Ernte bis Ende März dünn verteilt in Reihen von 10–15 cm Abstand aussäen. Säen Sie nur 0,5 cm tief, denn der Samen muss flach liegen und gut feucht und kühl gehalten werden bis zum Aufgang. Eine Abdeckung mit Vlies ist wegen der Vögel empfehlenswert. Man kann ihn bei Tauwetter frisch aus dem Beet ernten oder einige Tage im Kühlschrank frisch halten.

Empfehlenswerte Sorten: 'Favor'. 'Gala', 'Medaillon', 'Vit', 'Elan' (alle resistent gegen Falschen Mehltau und für den Ganzjahresanbau geeignet).

Verwendung: Feldsalat wird als Delikatesse geschätzt, als Salat, meist als leckere Vorspeise mit Essig, Zwiebeln, Pfeffer und Salz gewürzt, mit Semmelbröseln, gehackten Mandeln oder Nüssen, roh oder halbwarm serviert ist er immer ein Gaumenschmaus.

Kartoffeln, Erdäpfel
Solanum tuberosum

Bei den Knollen der 1537 in Peru entdeckten Nachtschattengewächses stehen heute Aroma und Qualität mehr im Vordergrund als der Ertrag. Kartoffeln sind gesund, sie enthalten viel Eiweiß, Stärke, Vitamin C und B, Karotine und Mineralstoffe wie z. B. Kalium. Intensiv werden Kartoffelsorten mit besten Eigenschaften gesucht. Dabei sind hierzulande nicht nur gelbfleischige hochtolerante und ertragreiche Sorten im Gespräch wie die neuere 'Belana', sondern auch älterere wie 'Linda', die beide um Erträge, den besseren Geschmack und die Notwendigkeit von Pflanzenschutzmaßnahmen streiten.

Sehr beachtlich ist ein Oldie, die immer noch aktuelle Frühkartoffel 'Sieglinde' aus dem Jahr 1935. Sie schaffte es sogar bis zum Titel »Kartoffel des Jahres 2010«. Aktuell gefragt sind heute auch rosa oder violettblau durchgefärbte Knollen, denen man besseren Geschmack nachsagt. Auch die länglichen alten Sorten wie 'Bamberger Hörnchen' oder die französische 'La Ratte' können besonders angenehm nussig schmecken.

Kultur: Kartoffeln wachsen optimal auf sandig-humosen Böden, die bis in die Tiefe locker und gut durchlüftet sind. Kann das Wasser nicht reibungslos abfließen, faulen sie leicht. Das alles ist im Hochbeet ideal, doch das mit dem Ernten verbundene Ausgraben kann Schwierigkeiten bereiten.

Wichtig: Kartoffeln erfrieren leicht, deshalb im Beet die kleinen nussgroßen Saatkartoffeln erst Anfang April 8–10 cm tief auslegen, dabei sollen die Keime nach oben zeigen, danach mit Erde bedecken. Nach dem Austreiben der Blätter werden darauf 10–15 cm Erde angehäufelt. Die Pflanzen lieben volle Sonne und genügend Feuchtigkeit. Sobald die Blätter abwelken sind die Knollen reif, die Ernte beginnt je nach Sorte ab Juni/Juli und hält bis Oktober an. Sorten mit gutem Aroma: Frühkartoffeln: 'Annabelle', 'Adretta', 'Erstling', 'Saskia', 'Sieglinde'; Mittelfrühe Kartoffeln: 'Agria', 'Belana', 'Charlotte', 'Linda', 'Quarta', 'Rosella'; Lagerkartoffeln: 'Cilena', 'Forelle', 'Nicola'. Gute farbige Sorten sind 'Roseval' (außen rot, innen gelb), 'Violetta' (blauviolett), 'Mayan Twilight' (gelb-rosa gefleckt), 'Blaue St. Galler' (durchgehend blau).

Frühkartoffeln reifen so zeitig, dass sie von Nässe bedingten Krankheiten verschont bleiben.

Kohlrabi
Brassica oleracea **var.** *gongylodes*

Fürs Hochbeet hat das Kohlgewächs eine große Bedeutung, denn die Kultur dauert nur wenige Wochen, ist nicht schwierig, der Platzbedarf ist mäßig und die Ernte lässt sich vielseitig verwenden. Schon zehn bis zwölf Wochen nach dem Pflanzen steht die Ernte der gesunden, süßlich-aromatisch schmeckenden Knollen parat. Werden sie nicht gleich gebraucht, dürfen sie problemlos weiter wachsen, sie nehmen bei guten Sorten nur noch an Gewicht und Dicke zu, ohne zu schossen, hart oder faserig zu werden. Bis zu drei nachfolgende Sätze übers Jahr sind bei Ernte der Knollen um 10 cm Durchmesser möglich, lässt man Züchtungen wie 'Super-

Violettblaue und grüne Kohlrabisorten unterscheiden sich kaum im Geschmack.

schmelz', 'Garant' oder 'Kossak' auswachsen, können sie bis zu 10 kg Gewicht erreichen, ihre Qualität bleibt dennoch zart. Günstig ist dann das Abdecken mit Schutznetz, um dem Befall von Schädlingen vorzubeugen. Ob mit blauer oder grüner Schale, in Eigenschaften und Kultur unterscheiden sich die Sorten kaum.

Kultur: Kohlrabipflanzen gibt es im Pflanzenhandel, doch oft sind die Sorten veraltet, schossen leicht oder werden holzig. Wählen Sie nur moderne Sorten.

Für die eigene Anzucht kann man ab Mitte März auf der Fensterbank in Zellulose-Töpfe (Jiffy o.ä.) oder in Topfplatten aussäen, jeweils zwei bis drei Samen/Topf. Nach dem Aufgang wird nur die kräftigste Pflanze belassen. So spart man sich das umständliche Pikieren. Sobald nach ca. sechs Wochen die Jungpflanzen handhoch sind, setzt man die Ballen ins Beet, ca. 25 × 12–15 cm entfernt.

Empfehlenswerte Sorten: 'Lanro', 'Konmar', 'Kossak', 'Superschmelz' und 'Gigant' (alle mit grüner Schale), 'Azurstar' und 'Blaro' (blau).

Verwendung: Nach dem Schälen kann man Kohlrabi in Scheiben, Stifte oder Würfel schneiden und gedünstet mit einer weißen Soße, mit Käse überbacken, als Bestandteil von leckeren Suppen zu Fleisch servieren. Lecker ist aber auch die Zubereitung als Rohkost, als Partygemüse zum Dippen sowie in Form von Stiften oder Scheiben als gesundes wohlschmeckendes Schulbrot. Kohlrabi verträgt leichte Fröste (-3–4 °C), deshalb kann man die Knollen im Herbst lange draußen lassen. Die Knollen lassen sich gut lagern oder als Wintervorrat einfrieren. Dabei schneidet man sie nach dem Schälen in dünne Scheiben oder Stifte. Wichtig: vor dem Frosten kurz in heißem Wasser blanchieren.

Kürbisgewächse und Zucchini
Cucurbita-Arten

Sie zählen zu den ältesten Kulturpflanzen der Menschheit und stammen meist aus Mittel- und Südamerika. Unter den rund 1000 Kürbissorten eignen sich wegen der umfangreichen Blätter, den langen Ranken und großen Früchte nur wenige für die Hochbeetkultur. Diese aber lohnen sich mit ständig neu bildenden wohlschmeckenden Früchten. Empfehlenswert sind vor allem die buschig wachsenden **Patissons** (Ufos, Fliegende Untertassen) aus Amerika mit flachrunden tellerförmigen gelben oder weißen Früchten, die ganz jung und noch zart sehr delikat schmecken.

Mit buschigem Wuchs ohne Ranken punkten auch **Rondini** (Sorte 'Tonda di Nizza'), eine beliebte Zucchini-Spezialität von der französisch-italienischen Riviera und Genua. Die reichlich ansetzenden runden ballgroßen Früchte eignen sich gut zum Füllen. Alle Zucchini gedeihen gut im Hochbeet, schon zwei bis drei Pflanzen können mit ihren zahlreichen keulenförmigen grünen, weißen oder gelben Früchten eine ganze Familie ernähren. Besonders viele Früchte in den von Kennern gefragten kleinen jungen Größen bis 20 cm bringen »Kletternde Zucchini« hervor. Platzsparend ranken deren Triebe in die Höhe oder vom Beetrand herab. Bis zum Herbst kann man ab Juli pro Pflanze ca. 20, mitunter sogar 30 der saftigen keulenförmigen Früchte ernten.

Fast alle Früchte der großen Kürbisfamilie haben wenig ausgeprägtes Aroma, profitieren aber von beigefügten anderen Gemüsen wie Tomaten, Auberginen, Zwiebeln, Knoblauch oder Paprika, von Kräutern, Gewürzen und Olivenöl.

Sie enthalten viele Ballaststoffe, erfrischenden Saft, Vitalstoffe und Mineralien.

Kultur: Die an viel Wärme gewöhnten Kürbisgewächse profitieren enorm von jedem Temperaturschub, die von warmer Luft umgebenen Hochbeete bieten fürs Gedeihen daher ideale Voraussetzungen. Wie bei den nahe verwandten Gurken sät man erst im April/Mai zum Erzielen guter Ballenpflanzen je ein bis zwei Samen in Töpfchen mit guter lockerer nährstoffreicher Erde aus. Hierzu ist ein Platz auf der warmen hellen Fensterbank bei 18–22 °C ideal. Sehr gut eignen sich dazu auch gedüngte Torftabletten, die bei Zugabe von Wasser schnell zu einem kleinen Ballen aufquellen. Erst bei warmen Bedingungen geht es ins sonnige Freie, Abstand 80–100 cm.

Kletternde Zucchini sparen Platz und bringen viele kleine zarte Früchte.

Empfehlenswerte Sorten: Patissons 'Scallopini' (grün), 'Satellite' (gelb), 'Custard White (weiß), bei Rondini 'Eight Ball', 'Tonda di Nizza' ('Rond de Nice'), bei Kletternder Zucchini 'Black Forest' und bei Zucchini mit zylindrischen Früchten (grün) 'Mastil', 'Defender' (beide gegen Mehltau resistent), 'Diamant', 'Black Jack', Gelb 'Soleil' und 'Sunburst'.

Verwendung: Zucchini und Kürbisse lassen sich vielseitig verwenden, als frische Rohkost im Salat oder als Snackgemüse, gegart in Suppen, als Gemüsebeilage, geschmort, süß-sauer eingelegt, als provenzalische Ratatouille zusammen gekocht mit Tomaten, Auberginen, Zwiebeln, Kräutern. Gourmets schätzen die in Omeletteteig getauchten und in heißem Öl frittierten Blüten.

Im Herbst leuchten die roten Stiele des Mangolds besonders prächtig.

Mangold, Römischer Kohl, Krautstiele

Beta vulgaris ssp. *vulgaris*

Das schon bei den Römern, mit Spinat und Zuckerrüben verwendete Blatt- und Stielgemüse wird heute wieder sehr geschätzt. Es enthält wenig Kalorien, aber viele faserige Ballaststoffe, Mineralien und in den blasigen Blättern auch reichlich Vitamine. Im Hochbeet lohnt sich vor allem der wüchsige, ertragreiche und robuste Stielmangold.

Sorten mit roten, weißen, gelben Stielen oder auch bunten in allen Regenbogenfarben sind so attraktiv, dass man sie gerne pflanzt, nicht nur wegen des Nutzens als wohlschmeckendes Gemüse sondern auch als Zierde im Beet. Besonders in der herbstlichen Kühle werden die Farben intensiver.

Kultur: Mangold gedeiht in jeder nicht zu trockenen Erde in Sonne oder Halbschatten. Selten gibt es im Gartencenter passende Jungpflanzen, sodass die Anzucht aus Samen nicht nur eine preiswerte sondern oft auch die einzige Methode ist.

Erst nach den Frösten sät man ab Mai bis Juli direkt in 2 cm tiefe Rillen oder in ein Saatbeet und verzieht oder pflanzt drei bis vier Wochen später auf 30 cm Abstand. Beim Ernten bleiben die Herzblätter für nachwachsende Erträge stehen, jeweils die dicksten äußeren Stiele werden abgedreht oder abgeschnitten.

Mit einem Vlies vor harten Frösten geschützt, kann sich die Ernte über den Winter fortsetzen.

Empfehlenswerte Sorten: 'Lukullus' (weiß), 'Adria' (weiß), 'Rhubarb Chard' (leuchtendrote Stiele), 'Bright Lights' (Stiele in Regenbogenfarben), 'Blue Magenta' (Stiele magentarosa).

Verwendung: Die Blätter lassen sich wie Spinat zubereiten, Genießer bevorzugen die breiten cremeweißen fleischig-saftigen Stiele. Sie werden gedünstet, und gewürzt mit Salz und Pfeffer mit einer weißen Soße zu Fleisch serviert, im Ofen mit Käse überbacken oder roh als Salat in Streifen geschnitten serviert.

Radieschen, Radies
Raphanus sativus var. *sativus*

Sein appetitanregender würzig-pikanter Geschmack und die einfache Kultur machen das zu den Kreuzblütlern gehörende Radieschen schon seit dem Altertum zu einem begehrten Gemüse. Die runden, spitzkegeligen oder zylindrischen Knollen entspringen aus der verdickten Wurzel. Ihre dünne Schale kann je nach Sorte rot, rot-weiß, violett, weiß, gelb oder auch in Regenbogenfarben bunt gemischt sein.
Der pikant-scharfe Geschmack wird von den enthaltenen Senfölen verursacht. Ob die saftig-frischen Knollen scharf oder mild-würzig schmecken, hängt von der Jahreszeit, der Sorte und der Wasserversorgung ab, die möglichst gleichmäßig sein sollte. Austrocknen lässt sie holzig und scharf werden, ein Zuviel an Wasser führt zum Platzen.
Kultur: Die Schwachzehrer gedeihen auf jedem Gartenboden an sonniger Stelle. Wegen der kurzen Kulturzeit von fünf bis sechs Wochen im Sommer und neun bis zehn Wochen im Herbst brauchen sie keine spezielle Düngung. Aussaatzeit ist von Ende März bis Ende September. Säen Sie dünn verteilt in nur 1–2 cm tiefe Rillen von 20–25 cm Abstand . Während die ersten Erträge noch ohne Schädlingsbefall knackfrisch

geerntet werden können, empfiehlt sich ab der Blütezeit von Kastanien und Raps bis zum Herbst das Abdecken mit einem Insektenschutznetz gegen Läuse, Erdflöhe, Raupen und die Maden der Rettichfliege
Empfehlenswerte Sorten: für Frühjahr und Herbst sind 'Eiszapfen' (weiß, kegelförmig), 'Flamboyant' (rot-weiß, walzenförmig), 'Ostereiermix' (bunt), 'Rudi', 'Saxa', 'Florent' (alle rund, rot), für den Sommer 'Parat', 'Riesen von Aspern', 'Vienna', 'Sora', 'Stoplite' (alle rund, rot).
Verwendung: Sobald die Knollen eine Dicke von ca. 2 cm erreicht haben, kann man sie ernten und roh mit Salz gewürzt in Scheiben aufs Butterbrot legen oder einen Salat daraus zubereiten.

Radieschen brauchen genügend Abstand und Licht. Deshalb lohnt sich das Vereinzeln.

Salate
Lactuca sativa

Salat gehört zu den ältesten Kulturpflanzen der Menschheit, er stammt vermutlich vom Stachel-Lattich (Lactuca serriola) ab. Die einjährigen Korbblütengewächse neigen im Sommer (Langtag) zum Schossen, was sich mit dem Anbau in Folgesätzen und durch angepasste Sortenauswahl verhindern lässt (z. B. Eissalat statt Kopfsalat, Pflücksalat kann man bis zu viermal ernten, auf Salatwiesen wachsen ständig neue Blätter nach, Anbau, wenn das Problem nach der Sonnenwende im Herbst nicht mehr auftritt).
Es gibt eine große Vielfalt von Sorten mit mehr oder weniger geschlossenen Köpfen, neben grünblättrigen auch solche mit rotbraunen oder dekorativ gefleckten Blättern. Appetitlichen kna-

Von Salatwiesen (Babyleaf) kann man immer wieder ernten.

ckigen Salat ohne Spritzen können Sie problemlos mit modernen robusten Sorten ernten, die von Natur aus resistent sind gegen Schädlinge wie die Grüne Salatblattlaus, Viren oder Wurzelläuse und gegen Fäulniserreger wie Falschen Mehltau. Salate sind erfrischend und leicht verdaulich. Die Blätter enthalten viele Ballaststoffe, Vitamin B und C, appetitanregende Bitterstoffe, aber wenig Kalorien.

Kultur: Weil es Ballen-Jungpflanzen von Kopfsalat oder Eissalat in jedem Gartencenter gibt, lohnt die langwierige Anzucht aus Samen kaum. Von Ende März bis Mitte August können Sie im Abstand von ca. 30 cm pflanzen.

Wichtig: Dabei dürfen die Ballen nicht zu tief geraten, sonst faulen die untersten Blätter. Sie sollten nach dem Angießen noch 1–2 cm übers Pflanzloch ragen. Salate gedeihen in voller Sonne, auch mit leichtem Schatten, auf allen humosen und genügend feuchten Gartenböden. Ihr Nährstoffbedarf ist gering bis mittel, meist reicht die Grundversorgung aus.

Dies gilt auch für die gesäten Salate, die schon zeitig ab Ende März und noch spät bis August 1–2 cm tief dünn verteilt flächig oder in Reihen mit ca. 25 cm Abstand gesät werden können. Sollten sie nach dem Aufgang zu dicht stehen, kann man sie vereinzeln. Gegen den Befall mit Blattläusen hat sich das Abdecken mit Schutznetz bewährt.

Empfehlenswerte Sorten: Kopfsalat 'Dynamite', 'Einstein', 'Estelle', bei Eissalat 'Barcelona', 'Fortunas', bei Bataviasalat 'Leny' (alle resistent gegen Blattläuse und Mehltau), 'Doree de Printemps', 'Grazer Krauthäuptel', Pflücksalat 'Amerikanischer Brauner', 'Australischer Gelber', 'Grand Rapids', für Salatwiesen Babyleaf 'Veronas Mini-Mini'.

Tomaten, Liebesapfel, Paradeiser
Lycopersicum esculentum

Tomaten zählen zu den edelsten und schmack-haftesten Feingemüsen. Durch hohe und lange Erträge lohnt sich der Anbau auf jeden Fall. Im Hochbeet sind niedrig wachsende Busch- und Hängetomaten einfacher zu pflegen und zu ernten als Stabtomaten, die bis 160 cm hoch werden und Halt benötigen. Runde, pflaumen- oder eiförmige Früchte gibt es auch bei den kompakt wachsenden Pflanzen. Bei ihnen kann man sich das Ausbrechen der Seitentriebe spa-ren, sie regulieren ihr Wachstum selbst. Kinder naschen gern die kleinen runden Cocktailtoma-ten, die sich meist durch ausgeprägt süßen, fruchtigen, aber auch je nach Sorte durch herz-haften salzigen Geschmack auszeichnen.

Kultur: Die Pflanzen brauchen viel Sonne, einen windgeschützten Standort und einen nährstoffreichen, humosen Boden, dazu viel Feuchtigkeit und laufende Düngung, entweder flüssig mit dem Gießwasser, durch Langzeit-dünger oder Hornspäne, die schon vor dem Pflanzen eingearbeitet werden.

Im Handel werden im Mai/Juni fertige Jung-pflanzen angeboten. Dennoch kann es sein, dass darunter die Lieblingssorte fehlt. Deshalb lohnt sich die eigene Anzucht auf der warmen Fensterbank durchaus. Für die Aussaat eignen sich die Wochen von Ende Februar bis Anfang April, ausgepflanzt wird nach den Frösten Ende Mai im Abstand von 40–60 cm. Dabei fördert eine flüssige Startdüngung der Ballen das An-wachsen. Setzen Sie die Ballen möglichst tief in den Boden, dann bilden sich am Stamm wei-tere Wurzeln, die bei der Versorgung mit Nähr-stoffen und Wasser helfen.

Wichtig: Ab spätestens Mitte Juni schützt das Überbauen mit Folie oder Tomatenhauben vor Nässe und damit vor der stark schädigenden Kraut- und Braunfäule.

Empfehlenswerte Sorten: Buschtomaten für den täglichen Bedarf sind die 40–70 cm hohe 'Balkonstar', 'Hoffmanns Rentita', 'Patio', 'Totem', 'Red Robin'. Kleine süße Kirschtomaten bringen 'Siderno' (widerstandsfähig gegen Krautfäule), 'Miniboy', 'Primabell' und die buschig über-hängende 'Tumbling Tom Red'. Stabtomaten mit hoher Resistenz gegen die Fäule sind 'Phantasia', 'Fantasio' und 'Philona' (alle rund, rot, mit mittelgroßen Früchten und kräftigem Aroma), 'Philovita' (Trauben-Cocktailtomate mit süß-fruchtigem Geschmack) und Fleisch-tomate 'Myrto' (große flachrunde Früchte, mildes Aroma).

Tomaten mit überhängendem Wuchs nutzen den knappen Platz optimal aus.

Die besten Kräuter

Sie sind wie das Salz in der Suppe. Erst Kräuter verleihen geerntetem Gemüse den entscheidenden Pfiff und regen zu allerhand neuen Ideen an. Manche bescheren ein Extra-Erlebnis mit unbekannten Düften, andere entzücken mit traumhaft schönen Blüten. Kräuter beleben ein Hochbeet, sie schmiegen sich zwischen das Gemüse, nehmen wenig Platz weg und stehen frisch für ständiges Ernten parat. Dabei sind sie genügsam, brauchen selten Pflege oder Düngung, denn das würde ihr kräftiges Aroma mindern.

Die Vorschläge im folgenden Kapitel entsprechen dem Angebot, das es aktuell im Pflanzenhandel gibt. Gehen Sie auf Entdeckungsreise, probieren und kosten Sie exotische Kräuter aus fremden Kulturen. Sie werden erstaunt sein, wie viele davon auch bei uns auf kleinstem Raum gedeihen.

Bergbohnenkraut, Pfefferkraut
Satureja montana

Die Heimat des buschig, nur 25 cm hoch wachsenden Würzkrautes ist die sonnige Macchia am Mittelmeer. Sein Geschmack ist kräftig, scharf pfefferig, deshalb die geernteten Blattspitzen sparsam verwenden. Sie passen zu Bohnen in Suppen und als Ersatz von Pfeffer wie zu Fleisch und Fisch, hervorragend zu Grillgerichten. Den feinen Samen kann man von April bis Mai auch draußen in Schalen oder Töpfen säen, nach dem Aufgang pikieren und später im Abstand von 25–30 cm auspflanzen.

Trotz seiner südländischen Herkunft übersteht die hübsche weiß blühende Pflanze unsere Winter, eine 2–3 cm dicke Mulchschicht als Schutz gegen das Durchfrieren der Wurzeln ist dennoch angebracht.

Bergbohnenkraut bietet rings ums Jahr pfeffrig schmeckende Triebspitzen zum Würzen.

Borretsch würzt Salate und Gurken. Die himmelblauen Blüten werden gerne von Bienen besucht.

Borretsch, Gurkenkraut
Borago officinalis

Mit seinen himmelblauen Blüten und dicht behaarten Blättern ist dieses schnell gedeihende 50–60 cm hohe heimische Würzkraut eine echte Zierde. Die jungen Blätter werden fein zerteilt unter Blattsalate gemischt, traditionell würzen sie frisch-saftige Gurkensalate.

Dill
Anethum graveolens

Die schirmartigen gelbgrünen Samenstände auf bis zu 80 cm hohen Stängeln sehen im Beet und sogar in Blumensträußen dekorativ aus. Sie verleihen dem Sud von Schäl- und Einlegegurken ihr typisches Aroma. Blattspitzen kann man laufend abernten, frisch verwerten oder auch einfrieren. Sie würzen Fischgerichte, Salate und leckere Soßen. Gesät wird von April bis August.

Oregano, Dost, Staudenmajoran
Origanum vulgare

Schon immer ist der hübsch rosa blühende Dost als Heilpflanze auf unseren Bergwiesen und im Geröll der Flüsse zu finden. Doch erst nachdem Köche mit seinem pfeffrig-scharfen Aroma unter seinem italienischen Namen Oregano experimentierten, ist das Interesse an dieser vielseitigen und zuverlässig winterharten Aromapflanze entfacht. Sie ist das klassisch mediterrane Gewürz für Pizza und Pasta, ideal zum Grillen und ein absolutes Muss für Salate.

Aus der Vielfalt der Sorten ragen der Echte Staudenmajoran, der hängende Oregano 'Diabolo', der nur 30 cm hohe Goldoregano 'Thumbles Variety' oder 'Goldtaler', der etwas salzig und sehr kräftig schmeckende Syrische Majoran 'Tarot' und der Weiß-grün gefleckte Oregano 'Panta' mit einem ganz speziellen milden Aroma hervor. Pflanzen davon gibt es im Gartencenter und Pflanzenversand.

Dill duftet herrlich. Die Blattspitzen sind optimal als Würze für Salaten und Fischgerichte.

Oregano ist winterhart. Was wäre die Mittelmeerküche ohne dieses vielseitige Kraut?

Salbei, Gewürzsalbei
Salvia officinalis

Salbei gehört als Tee zu den Hausmitteln gegen Erkältungen, Rachenkrankheiten und hohen Blutdruck. Die Lippenblütler sind zugleich attraktive Zierstauden, Duftpflanzen und interessante Küchenkräuter mit markantem Aroma, das zu Grill- und Fleischgerichten, Geflügel und Braten passt. Die mit dem heimischen Salbei eng verwandten Formen erfüllen deshalb im Hochbeet gleich eine mehrfache Funktion: in der Küche, als dekorative Blattschmuckstauden und im Hochsommer mit ihren attraktiven blauen oder weißen Blüten. Die Pflanzen werden durch Stecklinge oder Teilung vermehrt.
Besonders attraktiv sind: Goldsalbei 'Icterina' (mit gelbgrün geflecktem Blättern), Purpursalbei 'Purpurascens' (mit purpurroten Blättern), Buntblattsalbei 'Tricolor' (dreifarbige Blätter grün-weiß-purpur), Dalmatinischer Salbei, Silbersalbei (rundliche silbrige Blätter).

Schnittlauch
Allium schoenoprasum

Das beliebte Küchenkraut ist in der Kultur anspruchslos und steht immer zum Frischernten zur Verfügung. Die röhrenförmigen Halme mit dem pikanten scharfen Geschmack werden ähnlich wie Zwiebellaub zum Würzen von zahlreichen Eier- und Fleischgerichten, Suppen und Quark-Speisen verwendet, ebenso zum Dekorieren. Sehr gut schmecken die fein geschnittenen Röllchen auch aufs Butterbrot.
Nach dem Abschneiden wachsen die Halme mehrfach nach. Wer schon Schnittlauchballen hat, kann sie teilen oder neue beim Gärtner erwerben. Auch die dünn verteilte Aussaat von Ende März bis Juni in Reihen von ca. 25 cm Abstand ist nicht schwierig. Über Winter ziehen die frostbeständigen Pflanzen ein. Wer will kann sie Ende November/Anfang Dezember in Töpfe setzen und auf der hellen Fensterbank für die Ernte in den Wintermonaten antreiben.

Salbei ist ideal zum Grillen. Unter den neuen Sorten gibt es herrlich bunte Blattschönheiten.

Schnittlauch braucht man rund ums Jahr für Salate und zahlreiche weitere Gerichte.

Thymian
Thymus vulgaris

Die buschig kompakt bis flach und bodendeckend wachsenden Lippenblütler zeichnen sich durch kleine Blättchen mit feinem delikatem Aroma aus. Je nach Art gibt es sehr unterschiedliche Geschmacksnoten, auch Wuchs, Blatt- und Blütenfarben können höchst unterschiedlich sein.

Die Wahl besteht zwischen Kampfer-, Kümmel-Oregano-, Mastix- und Orangengeschmack. Zum Bereiten von beruhigenden Tees, Aromatisieren von Desserts, Würzen von Kartoffel-, Fleisch- und Fischgerichten sind die attraktiven, zierlichen Pflanzen gut geeignet. Gourmets lassen sich besonders vom Zitronenthymian (*Thymus × citriodorus*) begeistern, der durch goldgelb-grün (bei der Sorte 'Mystic Lemon') oder weiß-grüne Blattzeichnung (Silberthymian 'Silver Queen') noch attraktiver wird. Sein Aroma ist kräftig, dazu zitronig.

Zitronenmelisse, Melisse
Melissa officinalis

Die alte Heilpflanze hat schon Hildegard von Bingen gegen Frauenleiden und bei Erkältungen genutzt. Interessanter fürs Hochbeet ist das herrlich frische Zitronenaroma der Blätter und Triebe, das man anstelle von Zitrone zum Würzen von Salaten, Suppen, Desserts und Getränken verwenden kann.

Die robusten ca. 40–50 cm hohen Pflanzen gedeihen sowohl in der vollen Sonne als auch im Halbschatten. Auch die Ernte im Winter ist möglich, wenn die Pflanzen in Töpfe gesetzt und ins mäßig warme Haus gebracht werden. Sie wachsen auch unter Vliesabdeckung im Freien weiter. Zitronenmelisse gehört zum Standardkräutersortiment. Die Pflanzen sind winterhart, doch ein Schutz durch Reisig schadet nicht. Sie lassen sich zu jeder Jahreszeit (besonders aber im Herbst oder zeitigen Frühling) gut teilen und wachsen in frischer Erde willig an.

Thymian überzeugt mit duftigem Aroma – ideal für Saucen, Fleisch und Grillgerichte.

Melisse ist ein altes Heilkraut. Die Blätter schmecken intensiv nach Zitrone.

Pflanzenpflege

Hochbeete sind ideal als Pflanzenkinderstube. Wer gerne aussät, Pflanzen vermehrt und sie pflegt oder wer einfach nur die frische Luft genießen, den Wind und die feuchte Erde spüren will, der findet hier viele Gelegenheiten dazu. Interessant beim Gärtnern im Hochbeet sind auch die Prinzipien der Mischkultur.

Aussaat und Anzucht

Gleichgültig, ob Ihr Hochbeet schon länger besteht oder gerade neu eingerichtet wird: zuerst muss ein Plan her, das macht Spaß und gibt Anlass zum Diskutieren bei allen, die später davon profitieren wollen. Pflege? Muss sein, aber in Maßen. Schädlinge und Krankheiten? Kommen höchst selten vor und lassen sich meist vorbeugend durch die erwähnten Maßnahmen vermeiden.

Die eigene Anzucht von wärmeliebenden Pflanzen wie Tomaten, Paprika, Auberginen oder Zucchini macht viel Freude, aber sie setzt auch zumindest eine warme Fenster-bank voraus, etwas Arbeit, Wissen und Pflege. Werden nur einige wenige Pflanzen gebraucht, lohnen sich Aufwand und Risiko der Kultur nicht, dann kauft man besser fertige Pflanzen. Mithilfe der Anbautabelle (Seite 90/91) erfahren Sie, welche Pflanzen Vorkultur brauchen und welche Sie gleich direkt ins Beet säen können.

Direktsaat am Hochbeet

Wurzelgemüse wie Radieschen, Rettiche, Möhren, Pastinaken oder Schwarzwurzeln,

Der Frühling ist da, jetzt wird ausgesät und gepflanzt. Hier ist zu sehen, was man dazu braucht: Samen, Kleinwerkzeuge, Gießkanne, Jungpflanzen, Handschuhe und Tunnel fürs mollige Kleinklima.

aber auch Bohnen, Erbsen, Feldsalat oder Spinat sind Sägemüse, die man ganz einfach in 1–3 cm flache Rillen sät, dann Erde darüber zieht, mit der Hand leicht andrückt und mit weicher Brause angießt. Dabei kommt es auf möglichst gleichmäßiges und nicht zu dichtes Ausbringen der Samen an. Nutzen Sie dafür den Falz der Samentüte und klopfen Sie sanft dagegen bis der Samen herausfällt. Mit ein wenig Übung gelingt das dünne Verteilen. Die jungen Pflänzchen brauchen schon bald mehr Platz. Entfernen Sie bei zu dichtem Stand kurz nach dem Aufgang alles Überflüssige, sonst ist der gesamte Erfolg gefährdet: Radieschen würden in Saat schießen, Möhren verkrüppeln und zu dünn bleiben. Überzählige Kohlrabipflänzchen oder viele

Kräuter können Sie noch an andere Stelle umpflanzen, bei Wurzelgemüsen gelingt das jedoch nicht.

Anzucht im Haus

Erst ab Mitte Mai ist nach den kalten Nächten (Eisheilige) die Frostgefahr vorbei, dann können auch Pflanzen aus südlichen Ländern im Freien gepflanzt werden. Für die Anzucht leistet eine helle Fensterbank mit mollig-warmen Zimmertemperaturen (18–22 °C) gute Dienste. Für Tomaten, Auberginen und Paprika beginnt schon Ende Februar/März die Aussaat, damit rechtzeitig kräftige Jungpflanzen mit gut durchwurzelten Ballen zur Verfügung stehen. Für

Ohne Bücken ist das Aussäen eine Lust. Bringen Sie die Körner immer dünn verteilt aus.

Die Anzucht von Gemüse- und Blumenjungpflanzen spart viel Geld. Nur wenig Platz wird dafür benötigt.

TIPP

Säen Sie nicht zu früh aus, denn im Frühling nehmen nicht nur die Temperaturen sondern auch Tageslänge und Helligkeit als Energiequellen täglich zu. Das Wachstum profitiert hiervon enorm. Leichte Verspätungen im Sätermin holen die Pflanzen bald auf.

Weil viele Fensterbänke ins Mauerwerk eingelassen sind, wirken sie unbemerkt als Kältebrücken. Dann werden bei Aussaaten die nötigen Keimtemperaturen nicht erreicht. Legen Sie unter die Saatschalen oder Töpfe isolierende Platten aus Styropor, Kork oder Holz.

Bald nach der Aussaat wird in Töpfchen umgesetzt (pikiert). Eine helle Fensterbank ist dafür günstig.

Gurken, Melonen, Zucchini und Kürbisse reicht ein Saattermin Ende März bis Mitte April.

Üblicherweise verteilt man die Samen dünn und gleichmäßig in Schalen oder Töpfe mit nährstoffarmer Aussaaterde, drückt mit dem Handrücken an und durchfeuchtet sie gründlich mit feiner Brause. Bald nach dem Aufgang brauchen die Pflänzchen mehr Raum, dazu werden sie »pikiert«, d. h., mit einem spitzen Stab gelöst und vorsichtig mit 4–6 cm Abstand in Töpfe oder nochmals in gleicher Höhe wie vorher in Schalen mit kräftigerer, gedüngter Erde gesetzt. Dabei die Erde leicht andrücken und anschließend gründlich durchfeuchten.

Schneller, mit weniger Arbeit und ohne Störung für die Pflanzen geht es mit folgender Methode: Nutzen Sie Schalen oder Kunststoff-Topfplatten mit vorgeprägten Ballen, dann mit Aussaaterde füllen und jeweils ein bis drei Samen pro Töpfchen aussäen. Hier haben die Jungpflanzen genug Platz, das Pikieren entfällt. Konkurrierende Sämlinge wegknipsen, nur die stärkste Pflanze darf weiter wachsen und einen gut durchwurzelten Ballen bilden.

Eine praktische Hilfe bei der Anzucht von Kürbisgewächsen und Kräutern sind Quelltöpfe aus Torf (Jiffy 7) oder Zellulose, die bei Zugabe von lauwarmem Wasser schnell aufquellen und besät werden können. Gefragt sind auch Saatteppiche. Die Samen sind hier zwischen Papierlagen präzise eingebettet, sodass sich die Pflanzen später nicht bedrängen. Einfach auslegen, mit etwas Erde bedecken und angießen. Ähnliches bieten Saatbänder im Freiland. Sie ersparen das mühsame Vereinzeln.

Auspflanzen im Freien

Wer die eigene Anzucht scheut, findet im Frühjahr ein reiches Pflanzenangebot beim Gärtner,
im Gartencenter und auf Märkten. Wichtig ist
dabei eine eindeutige Sortenbezeichnung. Einfach »Paprika«, »Gurken« oder »Tomaten« reicht
nicht aus, bei der Vielfalt an unterschiedlichen
Sorteneigenschaften sind ansonsten spätere
Überraschungen vorprogrammiert. Wer Raritä-
ten sucht, kann auf Gartenausstellungen und im
Versandhandel auf Entdeckungsreise gehen.
Pflanzen vorsichtig behandeln, sie dürfen auf
dem Transport und bis zum Auspflanzen nicht
austrocknen (das gilt besonders für die empfindlichen Kürbisgewächse). Oft sind sie auch
noch zu klein und müssen nochmals in größere
Töpfe gesetzt werden.

Der Ballen sollte gut durchwurzelt aber nicht
verfilzt sein. Reißen Sie den Ballen mit den
Fingern etwas auf. Werden dabei Wurzeln leicht
beschädigt, regt das zu neuem Wachstum an.
Ausnahme: die empfindlichen Kürbisgewächse
(Gurken, Melonen, Zucchini) wollen ohne jede
Störung ins neue Pflanzloch gesetzt, vorsichtig
angedrückt und mit weichem Strahl angegossen
werden. Tomaten bekommt es gut, wenn sie
tief eingepflanzt werden. Sie bilden so noch
weitere Wurzeln. Salat dagegen nimmt das
krumm, er würde verfaulen. Hier sollten auch
die Keimblätter zum Schluss frei über der Erde
»im Winde wehen«.

Wichtig ist, dass die empfindlichen Jungpflanzen
unverzüglich in den Boden kommen, damit die
zarten Wurzeln nicht vertrocknen.

Durchfeuchten Sie die Wurzelballen vor dem
Auspflanzen gründlich und geben Sie noch eine
Flüssigdüngung, das gibt ihnen bessere Start-
bedingungen.

Aus dem feuchtheißen Gewächshaus ohne Ab-
härtung ins sonnig-windige Freiland, das halten
viele Pflanzen nicht aus. Wählen Sie zum Auspflanzen einen Tag mit bedecktem Himmel und
gewöhnen Sie die Pflanzen durch Abhärten
(lüften, einige Tage in den Schatten stellen) an
die neuen Bedingungen. Ist für die nächsten
Tagen Kälte angesagt, lieber ein paar Tage auf
besseres Wetter warten.

**So ist es richtig: Die Salatpflanze aus der Topf-
platte hat einen kräftigen Ballen entwickelt.**

Mischkulturen nützen und schützen

Der knappe Platz im Hochbeet führt fast automatisch zur Bepflanzung in Mischkultur. Ob Gemüse, Kräuter oder duftende Blumen und Kräuter, sie können sich in Augen- und Nasenhöhe optimal in jede Richtung ausbreiten. Ein weiterer Aspekt im biologischen Gartenbau ist die Schutzfunktion, die sich bestimmte Pflanzen gegenseitig gewähren und die man auch auf dem Hochbeet praktisch nutzen kann. So wehrt Bohnenkraut Schädlinge von Buschbohnen ab, Kapuzinerkresse zieht Läuse von umgebenden Kulturen auf sich und Zwiebeln oder Lauch hindern mit intensivem Duft Möhrenfliegen an der Eiablage, die Karotten bleiben von den Maden verschont. Wenige Pflanzen vertragen sich untereinander nicht, Kombinationen sollte man

Mischkultur – was verträgt sich mit wem?

+ gute Nachbarn
− schlechte Nachbarn
St = Starkzehrer
M = Mittelzehrer
S = Schwachzehrer

	Bohnen (S)	Dill (S)	Endivien (M)	Erbsen (S)	Erdbeeren (M)	Fenchel (M)	Gurken (St)	Kapuzinerkresse (S)	Kartoffeln (St)	Knoblauch (M)	Kohlarten (St)	Kohlrabi (M)	Kopfsalat (M)	Lauch (St)	Möhren (M)	Petersilie (S)	Pfefferminze (S)	Pflücksalat (S)	Radies./Rettich (M)	Rote Rüben (M)	Salbei (S)	Sellerie (St)	Spinat (M)	Tomaten (St)	Zucchini (M)	Zwiebeln (M)
Bohnen (S)		+		−	+	−	+		+	−	+	+	+	−				+	+	+		+		+		−
Dill (S)	+		+				+				+		+		+			+		+						
Endivien (M)				+							−		+													
Erbsen (S)	−	+			+	+			−		+	+	+		+			+						−	+	+
Erdbeeren (M)	+							+			+	+							+				+			+
Fenchel (M)	−		+	+			+				+	+						+			+			+		
Gurken (St)	+	+		+		+		−			+	+	+	+				−	+		+		−			+
Kapuzinerkresse (S)											+								+					+	+	
Kartoffeln (St)	+		−				−	+			+						+			−			−	+	−	−
Knoblauch (M)	−			−	+		+		+		−							+						+		
Kohlarten (St)	+	+	+	+	−		+			−			+	+			+	+		+		+	+	+		−
Kohlrabi (M)	+			+									+	+				+	+			+	+	+		
Kopfsalat (M)	+	+		+	+	+	+				+	+		+	+	−	+	+	+			−		+		+
Lauch (St)	−		+	−	+		+				+	+	+		+					−		+		+		+
Möhren (M)		+		+							+	+		+			+	+	+	+		+		+		+
Petersilie (S)															−											
Pfefferminze (S)								+			−		+		+									+		
Pflücksalat (S)	+	+			+						−				+				+	+				+		
Radies./Rettich (M)	+		+	+			−	+			+	+	+		+	+		+						+	+	
Rote Rüben (M)	+	+				+			−	+	+	+	+	−	+			+					−	+		+
Salbei (S)					+																	+				
Sellerie (St)	+						+		−		+	+	−	+										+		
Spinat (M)				+							+	+	+						+					+		
Tomaten (St)	+		−		+	−	+	−	+	−	+	+	+	+	+	+	+	+	+	+		+	+		−	
Zucchini (M)			+				+																			+
Zwiebeln (M)	−	+	−	+	+		+				−	+	+	+				+						−		

Gute Nachbarschaft ist auch bei Pflanzen nicht selbstverständlich. Die meisten mögen und schützen sich gegenseitig, andere kommen mit den Nachbarn nicht aus. Die Tabelle gibt Auskunft über die passenden Partner im Hochbeet.

meiden. Generell gilt es beim Säen oder Pflanzen, auf den Sonneneinfall zu achten, damit kein Gemüse dem anderen zu viel Licht wegnimmt. Hohe Pflanzen stehen daher im Norden, niedrigere in der Mitte und ganz vorn diejenigen mit niedrigem Wuchs oder hängenden Trieben.

Mit drei Sä- oder Pflanzterminen plus Planung für den Winter nutzen Sie Ihr Hochbeet optimal aus – so gibt es rund ums Jahr immer reichlich zu ernten. Dabei ist es angebracht, nicht immer das gleiche Gemüse auf dieselbe Stelle zu setzen sondern die Früchte jedes Jahr zu wechseln. Sonst wird der Boden einseitig ausgelaugt, bei Doldenblütlern wie Möhren oder Sellerie können sich Wurzelschädlinge wie z.B. Nematoden anhäufen, bei Kreuzblütlern wie den Kohlarten, Radieschen und Rettich Ertragseinbußen durch Kohlhernie. Nur Tomaten macht

TIPP

Pflanzen Sie zwischen Gemüse und Kräuter Blumen mit ungefüllten Blüten wie Studentenblumen, Astern oder Kapuzinerkresse, dann hat dies neben der Zierde auch einen schützenden Effekt. Viele für den Menschen harmlose Insekten sind in ihrem kurzen Jugendstadium eifrige Blattlausjäger. So vertilgt zum Beispiel jede Larve der Schwebfliege bis zu 200 Läuse. Ähnlich aktiv sind die Jugendlichen der Florfliegen. Wegen ihres unbändigen Appetits werden sie auch »Blattlauslöwen« genannt.

es offenbar nichts aus, wenn man für sie einen Dauerplatz reserviert.

Mischkultur: Ungünstige Kombinationen

- Bohnen und Erbsen mit Fenchel, Knoblauch, Lauch und Zwiebeln
- Möhren mit Roten Rüben
- Gurken mit Kartoffeln und Tomaten
- Kohlrabi mit anderen Kohlarten
- Petersilie mit Sellerie
- Rote Rüben mit Kartoffeln, Lauch, Mais, Mangold, Spinat
- Spinat mit Roten Rüben
- Tomaten mit Kartoffeln, Kohl, Erbsen, Gurken
- Zwiebeln mit Kartoffeln, Lauch, Bohnen

Dicht gedrängt: Mit der richtigen Partnerwahl gedeihen die Pflanzen in dieser Mischkultur bestens.

Düngung im Hochbeet

Verrottete Gartenabfälle setzen Nährstoffe frei, die den nachfolgenden Pflanzen zugutekommen. Diese Wirkung ist nachhaltig und schonend, macht sich aber nicht sofort bemerkbar sondern erst nach einigen Monaten. Da Kompost alle Nährstoffe, besonders aber reichlich Phosphor und Kali enthält, haben die Pflanzen an diesen zunächst geringen Bedarf. Anders bei Stickstoff, der vor allem das Wachstum bewirkt. Aus dem Kompost fließt anfangs wenig, deshalb lohnt es, den geringen Gehalt durch Hornspäne, Horngries oder Hornmehl zu ergänzen (je nach Kulturen 50–100 g/m²). Deren hoher Gehalt von ca. 14–15 % reicht auch für anspruchsvolle Kulturen, nur Starkzehrer benöti-

gen noch eine Zusatzdüngung in den Sommermonaten. Den Horndünger streut man vor Beginn der Saison aus und arbeitet ihn mit einer Kralle flach ein. Er verursacht keine Verbrennungen, denn die Nährstoffe werden allmählich freigesetzt.

Den Pflanzen ist es gleich, ob sie ihre Nährstoffe in organischer oder mineralischer Form erhalten. Volldünger wie z. B. Blaukorn sind jedoch Salze, die bei falscher Dosierung zu ernsten Schäden führen können. Das verhindern Gaben der kugelförmigen Langzeit- oder Vorratsdünger (z. B. Oscorna), die man auf die Bodenoberfläche streut oder flach einarbeitet. Ganz nach Bedarf der Pflanzen stellen sie die Nährstoffe über Monate verteilt zur Verfügung. Für späte Ernten von Lauch oder Kohl ist (Vorschrift der Hersteller beachten) eventuell ein Nachdüngen im Juli angebracht.

Sofern man das Nachsacken im Hochbeet alljährlich mit gedüngter guter Pflanzenerde aus dem Handel ausgleicht, hat sich das Thema Düngen gewöhnlich erledigt. Diese Erde sollte Langzeitdünger enthalten, das reicht für fast alle Kulturen. Nur Starkzehrer wie Tomaten, Gurken oder Porree sind im Spätsommer dankbar für eine Zusatzgabe der kleinen cremegelben Kügelchen (sehen ähnlich wie Schneckeneier aus). Leiden Gurken und Paprika Hunger, lassen sie bereits angesetzte Früchte fallen.

Organische Dünger wirken mit Verzögerung, aber es gibt keine Verbrennungen.

Gießen und pflegen

In den nach unten durchlässigen Hochbeeten gibt es keine Staunässe und damit auch kein Verfaulen der Wurzeln, eher trocknet die Erde aus. Dem lässt sich durch aufmerksames Gießen mit Schlauch oder Kanne begegnen. Optimal ist eine automatische Tröpfchenbewässerung mit Computersteuerung (z.B. von Gardena), dies setzt einen Wasser- und Stromanschluss in der Nähe voraus. Manche Systeme (z.B. Beckmann, Blumat) funktionieren auch mit einem Vorratsbehälter. Über Zylinder aus Holz oder Ton steuern die Pflanzen selbst ihren Wasserbedarf. Einfach, aber praktisch sind ausgediente PET-Flaschen, auf die sich ein Tropf aufschrauben lässt. Nach unten in die Erde gesteckt, lassen sie den eingefüllten Vorrat nach Bedarf langsam heraustropfen (z.B. von Blumat).

Wer Gießarbeit sparen will, kann die Erde mit Mulchmaterialien abdecken und damit gegen Verdunstung und Verunkrautung schützen. Hierfür eignen sich abgelagertes Holzhäcksel, Rindenhumus, Grasschnitt, Holzfaser-Substrate, perforierte lichtundurchlässige Anti-Unkrautfolie.

Ist das Hochbeet der Körperhöhe angepasst, ist die wenige Pflege fast ein Vergnügen, die man bequem im Stehen, Sitzen oder vom Rollstuhl aus durchführen kann.

Kräuter sind pflegeleicht. Ausreichend gießen, ernten, die Erde mit einem Handgrubber flach lockern, abgeblühte und überzählige Triebe entfernen, das ist schon alles.

Ernte- und Lagertipps

Das optimale Aroma genießen fällt mit einem Hochbeet besonders leicht. Schließlich sind es nur ein paar Schritte, um den idealen Moment zu erleben: die zarte Süße von Erbsen, den vollen Duft der Melonen, den unnachahmlichen Geschmack von Tomaten, wenn darauf noch die Sonnenstrahlen glühen, das würzige kräftige Aroma der Kräuter und die Frische von knackigem Salat.

■ Kräuter erntet man am besten kurz vor Mittag an einem sonnigen Tag.

■ Blattgemüse und Salate sind am frühen kühlen Morgen optimal.

■ Eis- und Kopfsalate bleiben lange frisch, wenn man sie gleich nach der Ernte in eiskaltes Wasser taucht und nach dem Abtropfen in Folienbeutel packt.

■ Wer auf wenig Nitrat Wert legt, sollte nicht am lichtreichen Mittag ernten sondern erst am Abend, wenn die Assimilation der Pflanze zum Erliegen gekommen ist.

■ Tomaten brauchen Wärme. Sie lagern am besten bei Zimmerwärme (18–22 °C) trocken und luftig im Dunkeln, nicht im Kühlschrank. Letzte noch grüne Früchte kann man vor den ersten Frösten abernten.

Gemüse können aus der nährstoffreichen Erde viel Kraft schöpfen. Entsprechend üppig fallen die Ernten aus.

Ein Hochbeet aus Steinen mit Fruchtgemüsen wie Zucchini und Tomaten.

Sie reifen rot und mit viel Aroma aus, doch nur absolut gesunde Früchte lohnen.

- Zucchini sind jung und zart sehr schmackhaft, dabei sollten die Früchte nicht länger als 20 cm sein.
- Morgens geerntete Zucchiniblüten sind eine Delikatesse. Man taucht sie in Omeletteteig und frittiert sie in heißem Raps- oder Olivenöl, dann mit Zucker oder Salz bestreuen und noch heiß genießen. Wichtig: schon ab Mittag schließen die Blüten und welken danach.
- Gurken und Zucchini ergeben viel mehr Früchte, wenn man sie laufend abpflückt. Nicht ausreifen lassen, denn sonst beenden sie den Ansatz neuer Früchte.
- Bohnen eignen sich nicht für Rohkost, denn sie enthalten Phasein, einen Eiweißstoff, der erst nach dem Erhitzen seine Giftigkeit verliert. Dies ist insbesondere für Kinder wichtig, die gerne an den Hülsen kauen.
- Gemüse für den Wintervorrat lässt sich in einem kühlen Keller oder in der frostfreien Garage aufbewahren. Lagern Sie nur abgetrocknetes und sauber geputztes Gemüse ein. Es hat sich bewährt, Köpfe von Chinakohl in Zeitungspapier einzuwickeln und aufrecht in Kisten zu stellen. Auch das Gemüsefach des Kühlschranks lässt sich zum Aufbewahren nutzen: Packen Sie die Früchte in Plastikbeutel, einige Einstiche mit einer Stricknadel sorgen dafür, dass es einen Luftaustausch gibt.

Ein solches Hochbeet kann eine ganze Familie ernähren. Voraussetzung dafür ist überlegte Planung, säen und nachpflanzen zur rechten Zeit. Die Pläne auf den Seiten 58–59 zeigen, wie es gelingt.

Sä- und Pflanzgemüse

Gemüse	Aussaat/Pflanzung	Ernte	Abstand in cm
+ Auberginen	Februar.–Anf. März	Aug.–Okt.	40 × 50
* Asia-Salate	Februar–September	Ende März–Nov.	20 × 2
* Buschbohnen	Mai–Anf. Juli	Mitte Juli–Okt.	30 × 4-6
+ Brokkoli	April–August	Mitte Juni–Nov.	40 × 40
+ Chinakohl	Juli–Ende August	Sept.–Nov.	30 × 30
+ Endivien	Juli–Anf. August	Sept.–Nov.	35 × 40
* Erbsen, Zucker-	Anf. April–Ende Mai	Mitte Juni–Sept.	25 × 2–3
* Erdbeerspinat	Ende März–Anf. August	Mai–Oktober	20 × 5
+ Erdnüsse	Ende Febr.–Anf. Mai	August–Sept.	25 × 25
* Feldsalat	Anf. Aug.–Anf. Okt.	Sept.–März	10–15 × 2–3
+ Fenchel	Juni–Mitte August	Sept.–Nov.	25 × 40
+ Gurken	April–Anf. Juni	Ende Juli–Ende Sept.	50 × 80
* Kartoffeln	Anf./Mitte April	Juni–Oktober	40 × 30
* Knoblauch	Sept.–Okt./März–Apr.	Sept.–Okt.	25 × 20
+ Kohlrabi	Mitte März.–Anf. Juli	Mitte Mai–Okt.	25 × 15
+ Kohl, Kopf-	März–Anf. Juli	Mitte Juni–Nov.	40 × 50
+ Kohl, Grün-	Mitte Juni–Mitte Juli	Okt.–Jan.	40 × 40
+ Kürbis	April–Anf. Juni	Juli–Okt.	80 × 100
* Mairüben	Ende März–Apr./ Ende Juli–Mitte Aug.	Mai–Juni/Sept.–Okt.	20 × 5–7
* Mangold	Mai–Juli	Juni–Okt.	30 × 30
+ Melone, Zucker-	Ende März–April	Ende Aug.–Sept.	50 × 70
* Möhren	Ende Feb–Anf. Juli	Anf. Juni–Okt.	25–30 × 4–5
+ Neuseel. Spinat	Ende März–April	Ende Juni–Okt.	50 × 60
+ Paprika	Mitte Feb.– Mitte März	Aug.–Sept.	40 × 60
* Pastinaken	Ende März–April	Sept.–März	40 × 10

Gemüse	Aussaat/Pflanzung	Ernte	Abstand in cm
+ Porree	März–April	Juli–April	30 × 10
* Radieschen	Ende März–Sept.	Ende Apr.–Nov.	20 × 5
+ Radicchio	Juli–Anf. Aug.	Ende Aug.–Okt.	30 × 30
* Rettich	April–Anf. August	Mai–Nov.	25 × 20
* Rote Rüben	Mitte April–Juli	Mitte Juli–Okt.	25 × 6–8
+ Salat, Kopf-	Ende März–Mitte Aug.	Ende Apr.–Okt.	25 × 25
+ Salat, Eis-	April–Juli	Mai–Sept.	30 × 30
* Spinat, Pflück-, Herbst	April–Juni	April–Okt.	30 × 20
* Schwarzwurzeln	Ende März–April	Ende Sept.–März	25 × 5–7
+ Sellerie	Mitte Mai–Juni	Aug.–Nov.	40 × 40
* Spinat, Frühj.	März–Anf. Mai	Anf. Mai–Juni	25 × 3–5
Herbst	Ende Juli–August	Mitte Sept.–Okt.	25 × 3–5
+ Süßkartoffeln	April–Mai	Sept.–Okt.	40 × 60
+ Tomaten	Ende Feb.–Anf.April	Juli–Okt.	60 × 40
* Winterportulak	Aug.–Oktober	Oktober–April	25 × 15
+ Zucchini	Apr.–Anf. Juni	Mitte Juli–Okt.	80 × 60
+ Zwiebeln, Steck-	Ende März–April	Juni–Sept.	25 × 10
* Zwiebeln, Sä-	Ende März–Anf. April	Juli–Okt.	25 × 5–7

+ Pflanzgemüse: Pflanzenanzucht empfehlenswert

* Sägemüse: Direktsaat ins Freie

Adressen, die Ihnen weiterhelfen

Hochbeet Bausatz »Eigenbau« aus dem Buch

Begleitunterlagen:
Gartenfrosch GmbH
www.holz-hochbeet.info

Hochbeete und Bauzubehör

Gartenfrosch GmbH
Bierweg 1a
86492 Egling a. d. Paar
Deutschland
Tel: +49 (0)82 06/96 11 88
www.gartenfrosch.com

Geflecht³
Stefan Rothkegel
Rigistraße 5
82449 Uffing am Staffelsee
Deutschland
Tel.: +49 (0)88 46/921 14 40
www.geflechthochdrei.de

Manfred Stiebler
Josef-Welte Straße 2
78183 Hüfingen –
Mundelfingen
Deutschland
Tel.: +49 (0)77 07/797
www.stima-hochbeet.de

manufaktur Scheibinger
Daniel Scheibinger
Büro: Waldstraße 18a
93161 Sinzing
Deutschland
Tel.: +49 (0)941/307 59 44
www.manufaktur-
scheibinger.de

Schweinschwaller GmbH
Troestlberg 48
A-3351 Weistrach-
Haidershofen
Tel.: +43 (0)74 34/425 88
www.hochbeet.co.at

gartensilber
Schloßstraße 9
88453 Erolzheim
Deutschland
Tel.: 073 54/93 57 35
www.gartensilber.de

Österreich
WG-Holzideen
Georg Weidenthaler
Neundling 36
A-4931 Mettmach
Tel.: +43 (0)77 55/205 20
www.wg-holzideen.at

Saatgut und Pflanzen

Arche Noah
Bio-Raritäten
Obere Straße 40
A-3553 Schiltern
Tel.: +43 (0)27 34/86 26
www.arche-noah.at

Bio Gärtnerei Christian Herb
Heiligkreuzerstraße 70
87439 Kempten im Allgäu
Deutschland
Tel.: +49 (0)831 / 933 31
www.bio-kraeuter.de

Barrierefrei

Bonnes Racines
um Kempchen
L-9369 Diekirch
Luxemburg
Tel.: +352/691/67 15 61
www.rotogard.lu

Vertrieb Deutschland:
Gartenfrosch GmbH
www.rotogard.de

Erlau
Kontaktperson: Jan Antusch
Tel.: +49 (0)73 61/595 32 21
www.erlau-vitagarden.de

Bewässerung

KleWaTec GmbH
Werkstraße 15
76437 Rastatt
Deutschland
Tel.: +49 (0)72 22/597 58 75
www.klewatec.de

Gardena
Hans-Lorenser-Straße 40
89079 Ulm
Deutschland
Tel.: +49 (0)731/49 00
www.gardena.com

Automatisierung

Loxone Electronics GmbH
Falkensteinstraße 6
A-4154 Kollerschlag
Tel.: +43 (0)72 87/70 70
www.loxone.com

Stichwortverzeichnis

Bildnachweis

Alois – Fotolia.com: 74r; Bonnes Racines über www.gartenfrosch.com: 28; claudia hake – Fotolia.com: 52; Dusan Kostic – Fotolia.com: 60; Flora Press/Christine Ann Föll: 24r; Flora Press/Edition Phönix/Jutta Schneider, Michael Will: 10, 11; Flora Press/The Garden Collection/Derek Harris: 53; Flora Press/The Garden Collection/Nicola Stocken Tomkins: 57; Flora Press/The Garden Collection/Torie Chugg: 54; fovito – Fotolia.com: 19; kai-creativ – Fotolia.com: 13; Kosok-Pokorny: 17, 47; Lohner 63 – Fotolia.com: 61l; Meyer-Rebentisch: 26, 62/63, 78/79; Reinhard: 2/3; Schumann-Turowski: 61r; Stein: 8, 9, 15, 24l, 27l, 36/37, 38, 40, 41, 42, 44, 48/49, 50/51, 55, 56, 64, 65, 68, 69, 71, 72, 73, 74, 75l, 75r, 76, 77, 80/81, 83, 85, 87, 89; Strauss: 1, 6/7, 66, 70, 82, 86, 88; Viesturs Kalvans – Fotolia.com: 67; www.erlau-vitagarden.de: 27r; www.gardena.de: 45r; www.gartenfrosch.de: 12, 20, 30, 32, 33, 34, 35, 43; www.gartensilber.de: 25; www.geflecht3.de: 16; www.holz-hochbeet.info: 18; www.klewatec.de: 45l; www.manufaktur-scheibinger.de: 22; www.schnegel.at, Robert Nordsieck: 46; www.silberholz.at: 29, www.stima-hochbeet.de: 14; www.zehetner.at: 23; Grafik »selbst ist der Mann«: 39

Über die Autoren

Gernot Kosok-Pokorny ist ein Mann der Tat. Für seine Frau entwickelte er vor Jahren ein Hochbeet, das sie selbst zusammenbauen kann – und traf damit den Nerv der Zeit. Heute leitet er erfolgreich ein eigenes Unternehmen, das seine selbstentworfenen Hoch- und Frühbeete aus hochwertigen haltbaren Holzarten herstellt und vertreibt. Seine Produkte bestechen durch ihre hochwertige Qualität und Optik und sind ein echter Publikumsmagnet auf Gartenmessen.

Weitere Informationen unter: *www.gartenfrosch.com*

Siegfried Stein, Diplomingenieur für Gartenbau, ist bekannt als Journalist und langjähriger Autor. Er verfügt über eine reiche Erfahrung im Profi- und Hobby-gartenbau, bei Gemüse, Kräutern und Blumen – und er hegt eine besondere Vorliebe für Hochbeete. In seinem großen norddeutschen Garten verwirklicht Siegfried Stein immer wieder neue grüne Ideen und berichtet darüber in Zeit-schriften und Büchern in Deutschland, Österreich und in der Schweiz.

Impressum

Bibliografische Information der Deutschen Nationalbibliothek

Die Deutsche Nationalbibliothek verzeichnet diese Publikation in der Deutschen National-bibliografie; detaillierte bibliografische Daten sind im Internet über http://dnb.d-nb.de abrufbar.

 **BLV Buchverlag GmbH & Co. KG**

80797 München

Grafiken: Claudia Schick

Umschlagkonzeption: Kochan & Partner, München
Umschlagfotos: Gartenfrosch GmbH (vorne); Siegfried Stein (hinten)
Programmleitung Garten: Dr. Thomas Hagen
Lektorat: Sandra-Mareike Kreß, Judith Weißschnur, Cornelia Förster
Herstellung: Hermann Maxant
Satz: Uhl + Massopust, Aalen

Gedruckt auf chlorfrei gebleichtem Papier

Printed in Germany

ISBN 978-3-8354-1083-1

Hinweis
Das vorliegende Buch wurde sorgfältig er-arbeitet. Dennoch erfolgen alle Angaben ohne Gewähr. Weder Autoren noch Verlag können für eventuelle Nachteile oder Schäden, die aus den im Buch vorgestellten Informationen resultieren, eine Haftung übernehmen.

Gemüse satt!

Brunhilde Bross-Burkhardt
Gemüse
Für Garten-Neulinge, Urban Gardener, Web-User, Selbstversorger,
Ausprobierer, Bio-Fans und mehr · Das Grüner-Daumen-Konzept:
die besten Gemüse speziell für Anfänger – von Tomate bis Spinat ·
Top-Sorten, Anbau, Pflege, Ernte, Verwertung · Plakative Fotos, kom-
pakte Texte, Info-Kästen und magazinartige Optik.
ISBN 978-3-8354-1137-1